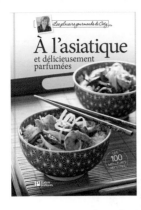

**Recette de
la page couverture :**

Sauté de crevettes, sauce coco-citronnelle, p. 122

Rédaction

Éditrice : Caty Bérubé

Auteurs : Caty Bérubé, Annie Boutet, Richard Houde, Manon Lanthier et Annie Lavoie.

Chef d'équipe rédaction/révision : Isabelle Roy

Production

Directeur artistique : Éric Monette

Coordonnatrice à l'édition : Chantal Côté

Assistante à la rédaction : Anne-Marie Favreau

Chef cuisinier : Richard Houde

Grille graphique : François Desjardins

Chef d'équipe infographie : Lise Lapierre

Infographistes : François Desjardins, Marie-Christine Langlois, Ariane Michaud-Gagnon et Isabelle Roy.

Collaboratrice : Josée Poulin

Stylistes : Louise Bouchard, Christine Morin et Julie Morin.

Photographes : Rémy Germain et Martin Houde.

Spécialiste en traitement d'images : Yves Vaillancourt

Collaborateur : Pub Photo

Impression : Solisco

Ventes publicitaires

Directrice ventes et marketing : Marie Turgeon

Communications et marketing : Pierre-Luc Lafrance

Coordonnatrice ventes et abonnements : Diane Michaud

Gestionnaires de comptes : Annie Dumont, Alexandra Leduc, Maryse Pomerleau et Simon Robillard, tél. : 1 866 882-0091

Mise en marché

Directeur de la distribution : Marcel Bernatchez

Édimestre : Julie Boudreau

Intégratrice web : Mélanie Duguay

Chef d'équipe entrepôt : Denis Rivard

Commis d'entrepôt : Yves Jobin et Normand Simard

Distribution : Éditions Pratico-Pratiques et Messageries ADP

Administration

Présidente : Caty Bérubé

Conseillère aux ressources humaines : Chantal St-Pierre

Directeur administratif : Ricky Baril

Commis à la comptabilité : Lucie Landry

Technicienne à la comptabilité : Amélie Dumont

Coordonnatrice de bureau : Josée Lavoie

Dépôt légal : 3e trimestre 2013
Bibliothèque nationale du Québec
Bibliothèque nationale du Canada
ISBN 978-2-89658-606-6

 Pratico pratiques

1685, boulevard Talbot, Québec (Qc) G2N 0C6

Tél. : 418 877-0259. Sans frais : 1 866 882-0091

Téléc. : 418 849-4595

www.pratico-pratiques.com

Courriel : info@pratico-pratiques.com

Les plaisirs gourmands de Caty

À l'asiatique
et délicieusement parfumées

Pratico pratiques

Sommaire

Papilles en voyage

La première fois que j'ai goûté à la cuisine asiatique, c'était dans un buffet chinois. C'était il y a plus de 20 ans, et comme bien des Québécois, j'ai été charmée par les saveurs de cette cuisine… Qui se situe pourtant bien loin de la véritable cuisine chinoise, je le sais bien !

Fort heureusement, mes goûts ont évolué, tout comme mes connaissances culinaires. Avec l'explosion des moyens de communication, le monde est devenu tout petit, et l'information circule comme jamais. Cela se traduit aussi par un élargissement de l'offre des produits vendus au supermarché, par une plus grande variété de saveurs et d'influences dans nos cuisines. Et c'est tant mieux !

Manger thaï, japonais ou vietnamien fait presque partie de notre quotidien maintenant. Si ce n'est pas au restaurant, c'est au comptoir de mets à emporter ou tout simplement à la maison. Dans les magazines et les livres, elles sont de plus en plus nombreuses, les recettes qui contiennent des ingrédients aux saveurs asiatiques.

Les influences de l'Asie teintent nos mets de leurs parfums épicés, tantôt doucement sucrés au lait de coco, tantôt subtilement aromatisés à la coriandre ou au basilic. Mmmm… c'est tellement bon !

Pour profiter pleinement de ce plaisir, nous avons sélectionné nos 100 meilleures recettes de cuisine à l'asiatique. De l'entrée au dessert, tous les classiques qu'on aime s'y trouvent.

À vos baguettes !

Délectable, la cuisine asiatique !

Saveurs en harmonie, épices en équilibre, parfums à profusion : autant de raisons qui nous font aimer les mets asiatiques. Voici l'occasion de dépayser vos papilles grâce à des recettes faciles et délicieuses. Mais avant de cuisiner, partez à la découverte de cette savoureuse gastronomie et de ses ingrédients uniques aux accents exotiques.

Bien que l'expression « cuisine asiatique » englobe celle de tout un continent, les plats connus et aimés des Québécois adoptent surtout les saveurs de la Chine, de la Thaïlande, du Vietnam, du Japon et de l'Indonésie. Pensons à la soupe miso ou wonton, au pad thaï, au poulet du Général Tao, aux dim sums et aux satays. Les recettes de ce livre s'inspirent d'ailleurs des plats typiques de ces cinq pays.

Outre leurs riches traditions, ces cuisines partagent plusieurs points communs, entre autres les ingrédients, le jeu ingénieux des épices et des fines herbes ainsi que les modes de cuisson, notamment l'utilisation du wok. Elles dépaysent par leurs textures, leurs parfums ainsi que leurs notes sucrées, pimentées ou aigres-douces. Néanmoins, chacune de ces cuisines possède ses particularités propres.

MÉTISSAGE AGRÉABLE À LA CHINOISE

Longtemps, nous n'avons connu de la Chine qu'une cuisine assaisonnée à l'américaine. Il suffit pourtant d'un seul repas dans un restaurant où l'on sert des plats typiquement chinois pour saisir tout le raffinement de cette gastronomie largement reconnue sur le plan mondial.

Devant un pays aussi étendu et diversifié, il est difficile de s'arrêter à une seule définition de cette cuisine. D'une région à l'autre, on passe aisément des mets épicés à des plats aux parfums des plus subtils.

Fruits de mer, viandes, légumes et riz se mêlent notamment au gingembre, à l'ail, à l'oignon blanc, à la sauce soya et au mélange cinq épices pour composer la base de l'alimentation chinoise. La plupart du temps, la préparation des mets se fait à la vapeur ou au wok, dans lequel on fait sauter les ingrédients.

Canard laqué, dim sums (petits beignets cuits à la vapeur), soupe de wontons et rouleaux de printemps sont quelques-unes des figures de proue du répertoire culinaire chinois.

DÉLICATE CUISINE THAÏ

La cuisine thaïlandaise se reconnaît à ses parfums de basilic, de coriandre, de lait de coco, d'ail, de citronnelle, de piment, de sauce de poisson et de sauce soya. Outre ces arômes, les plats à base de riz sont populaires dans ce pays.

À l'instar des autres types de cuisine asiatique, l'usage de gras est réduit au minimum. La cuisson rapide est aussi préférée afin de préserver au maximum les saveurs et textures des aliments. Les techniques de cuisson se partagent entre le wok, la vapeur, le gril et la friture.

Lors du service de mets thaï, il faut jouer la carte de l'équilibre en associant un plat épicé à un autre plus doux. Pour respecter les règles de l'art, on évite de proposer deux mets relevés en même temps.

AU GOÛT DU VIETNAM

Qui n'a jamais dégusté des rouleaux de printemps ou encore des nems ? Au Vietnam, on propose chaque mets avec une salade ; c'est probablement de là que vient la réputation de fraîcheur accolée à cette cuisine.

À travers les plats vietnamiens, on sent l'influence d'autres pays, dont celle de la Chine pour l'utilisation du wok et pour la variété de nouilles. Les mets sautés et aromatisés au lait de coco et à la citronnelle, le riz ainsi que les soupes sont également omniprésents sur la table vietnamienne.

La sauce de poisson relevée et la sauce hoisin se rangent parmi les assaisonnements prisés. Ce peuple use aussi d'une foule de fines herbes odorantes ainsi que des légumes verts en raison de leurs propriétés médicinales et de leur fort contenu en vitamines et minéraux.

Les poissons, les fruits de mer, le poulet, le porc et le canard sont à la base de plusieurs mets vietnamiens. Il semble que la présence de bœuf résulte de l'influence française durant la période de colonisation.

Il faut également retenir que la cuisine vietnamienne se module au fil des régions. Ainsi, la cuisine du Nord se caractérise par ses soupes, ses grillades et ses plats mijotés. Au centre, la forte utilisation de piments se fait sentir. Au Sud, les mets s'adoucissent avec des notes plus sucrées. C'est d'ailleurs à ce type de goût que nous ont habitués les immigrants, principalement en provenance de cette région.

RAFFINEMENT À LA JAPONAISE

La gastronomie japonaise pourrait se résumer en un seul mot : raffinement. Les sushis n'en sont-ils pas des preuves convaincantes ? La cuisine nippone préconise un minimum de cuisson pour préserver le goût et la texture initiale des aliments. Les produits de la mer, les légumes, le riz, les nouilles udon et soba figurent parmi les aliments vedettes de cette cuisine. Quant aux gyozas, équivalent japonais des raviolis chinois, ils méritent un essai.

SPICY INDONÉSIE

Bienvenue en Indonésie, là où se dégagent des arômes d'arachides et d'épices ! Le riz, les satays (petites brochettes marinées) ainsi que le sambal oelek – sauce piquante à base de piments rouges – y sont à l'honneur.

Le repas asiatique typique

Au restaurant ou lors d'un repas à l'asiatique, l'ordre des mets est habituellement le suivant : soupe, rouleaux, de deux à trois plats principaux accompagnés de légumes, de riz ou de nouilles. Toutefois, si vous voulez vous rapprocher du déroulement typique d'un véritable repas asiatique, il vous faudra plutôt déposer tous les plats en même temps sur la table, même la soupe et les desserts. Il faut noter toutefois que les douceurs de fin de repas se font discrètes dans la gastronomie asiatique.

Quelle huile utiliser pour les sautés ?

Les sautés se cuisinent à feu élevé : il est donc essentiel de choisir une huile possédant un point de fumée élevé, c'est-à-dire une huile qui supporte bien la chaleur. Parmi celles à privilégier, notons l'huile d'arachide (la plus largement utilisée en Chine), de canola et de tournesol (pour leur goût neutre). Si vous aimez le goût de l'huile de sésame grillé, ajoutez-la en fin de cuisson, car elle ne doit pas être chauffée.

À VOS WOKS!

Il va de soi que la préparation des aliments à l'asiatique implique l'utilisation d'un wok, large poêle à fond épais où l'on fait sauter, cuire à l'étuvée, pocher ou frire les ingrédients. Sa forme arrondie assure une diffusion uniforme de la chaleur.

Faire sauter les aliments dans le wok sous-entend une cuisson rapide et intense. Lorsque l'huile est versée, il faut bouger la poêle afin que le corps gras enduise la moitié de la paroi en hauteur. Avant de déposer les ingrédients, l'huile doit être très chaude.

L'idée est de saisir les aliments afin qu'ils demeurent frais, colorés et conservent leur texture originale. L'ordre de cuisson des ingrédients dépend donc du temps de cuisson que chacun nécessite; ceux qui cuisent rapidement seront donc ajoutés dans le wok en dernier. Et pour ne pas brûler les aliments, il faut remuer constamment le contenu du wok avec une spatule en bois ou en plastique.

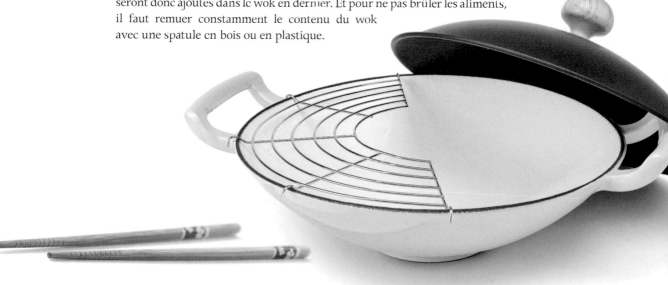

Raffinés sushis et élégants rouleaux

Pour faire bonne impression dès le premier service, quoi de mieux que la cuisine asiatique ? Raffinée et élégante, elle sait ouvrir le repas en beauté. Il ne reste qu'à décider si vous donnerez le ton avec les notes fraîches des sushis ou avec celles, plus croustillantes, des rouleaux !

Préparation : **30 minutes** • Cuisson : **20 minutes** • Quantité : **12 sushis**

Sushis au thon

POUR LE RIZ :

250 ml (1 tasse) de riz
à sushis (calrose)

45 ml (3 c. à soupe)
de vinaigre de riz

15 ml (1 c. à soupe) de sucre

Sel au goût

POUR LES SUSHIS :

125 g (¼ de lb) de thon

125 g (¼ de lb) de riz cuit

2 feuilles d'algues nori

30 ml (2 c. à soupe)
de gingembre mariné

1. Rincer le riz dans une passoire et égoutter. Déposer le riz dans une casserole, couvrir d'eau et porter à ébullition. Couvrir et cuire à feu moyen de 20 à 30 minutes. **2.** Chauffer le vinaigre quelques secondes au micro-ondes.

Dissoudre le sucre dans le vinaigre. Une fois la cuisson du riz terminée, y incorporer le mélange de vinaigre et de sucre. Saler. **3.** Couper le thon en fines lanières. **4.** Étaler le riz uniformément sur les deux tiers de chacune des feuilles d'algue.

Disposer le thon sur la longueur et au milieu du riz. Couvrir de gingembre mariné. Rouler en pressant afin que les rouleaux se tiennent bien. Couper chacun des rouleaux en six morceaux.

C'est facile !

Confectionner des sushis

La préparation des sushis est un mystère pour vous ? Pourtant, c'est si facile !
Munissez-vous d'un tapis de bambou et suivez ces quelques étapes simples.

1 Placer une feuille d'algue sur le tapis de bambou. Couvrir les deux tiers de la feuille de riz. Il est important de laisser une bande libre afin de coller le rouleau à la fin. Au centre du riz, disposer les légumes et les autres ingrédients coupés sur la longueur.

2 À l'aide du tapis de bambou, commencer à rouler le sushi.

3 Rouler en serrant au fur et à mesure afin que le rouleau soit de forme régulière.

4 Poursuivre jusqu'à ce que le rouleau soit entièrement formé. Retirer le tapis pour dégager le rouleau.

Préparation : **15 minutes** • Quantité : **18 makis**

Makis aux légumes et sésame

250 ml (1 tasse) de riz
à sushis cuit (calrose)
.....
60 ml (¼ de tasse) de graines
de sésame grillées
.....
3 feuilles de laitue
romaine émincées
.....

1 carotte coupée
en julienne
.....
1 concombre coupé
en julienne
.....
15 ml (1 c. à soupe)
de gingembre confit
.....

1. Couvrir le tapis à sushi d'une pellicule plastique. Étaler une couche de riz sur le tapis pour former un carré de 20 cm x 18 cm (8 po x 7 po). **2.** Verser 30 ml (2 c. à soupe) de graines de sésame dans une assiette. Saupoudrer le reste des graines de sésame sur le riz. **3.** Répartir la laitue romaine, la carotte, le concombre et le gingembre confit sur le riz. Rouler en serrant bien. **4.** Enrober le maki ainsi formé dans le reste des graines de sésame. Couper le maki en six morceaux. Répéter ces étapes deux fois afin d'obtenir 18 makis.

Préparation : **30 minutes** • Quantité : **12 nigiris**

Nigiris aux crevettes

250 ml (1 tasse) de riz
à sushis cuit (calrose)
....
12 crevettes moyennes (31/40),
cuites et décortiquées,
avec la queue
....
½ feuille d'algue nori
....

1. Avec les mains humides, modeler le riz en forme de petites boulettes aplaties. **2.** Déposer une crevette sur le dessus de chacune des boulettes, sur la longueur. Presser légèrement pour que la crevette adhère bien et épouse la forme du riz. **3.** Tailler la demi-feuille d'algue en 12 lanières. Décorer chacun des nigiris d'une lanière d'algue.

Préparation : **12 minutes** • Quantité : **4 rouleaux**

Rouleaux de crabe

1 courgette
.....
1 concombre
.....
1 carotte
.....
30 ml (2 c. à soupe) de menthe
fraîche émincée
.....
15 ml (1 c. à soupe)
d'huile de sésame
.....

30 ml (2 c. à soupe) de graines
de sésame
.....
Sel et poivre au goût
.....
4 feuilles de laitue romaine
.....
8 feuilles de riz
.....
250 ml (1 tasse) de chair
de crabe
.....

1. Couper la courgette, le concombre et la carotte en fine julienne. 2. Mélanger avec la menthe, l'huile de sésame et les graines de sésame. Saler et poivrer. 3. Émincer la laitue finement. 4. Faire tremper les feuilles de riz dans l'eau froide pendant 1 minute. Égoutter sur un linge propre. 5. Au centre de chacune des feuilles, répartir sur la longueur la julienne de légumes, la laitue romaine et le crabe. Rouler les feuilles en serrant bien. Réfrigérer avant de servir.

Préparation : **30 minutes** • Réfrigération : **1 heure**
Cuisson : **25 minutes** • Quantité : **36 dim sums**

Dim sums au poulet et gingembre

36 feuilles de pâte à wontons, décongelées
.....
1 blanc d'œuf battu
.....
POUR LA FARCE :
225 g (½ lb) de poulet haché
.....
125 ml (½ tasse) d'épinards hachés
.....
30 ml (2 c. à soupe) de sauce aux huîtres
.....

10 ml (2 c. à thé) de gingembre haché
.....
1 oignon vert émincé
.....
½ branche de céleri hachée
.....
½ carotte hachée
.....
Sel et poivre au goût
.....

POUR LA SAUCE AUX ARACHIDES.
½ boîte de lait de coco de 400 ml
.....
80 ml (⅓ de tasse) de beurre d'arachide croquant
.....
15 ml (1 c. à soupe) de sauce soya ou de tamari
.....
Poivre au goût
.....

1. Mélanger les ingrédients de la farce. Réfrigérer 1 heure. 2. Dans une casserole, mélanger les ingrédients de la sauce. Porter à ébullition et laisser mijoter à feu doux 5 minutes. 3. Déposer six feuilles de pâte sur le plan de travail. Couvrir les autres feuilles d'une pellicule plastique pour ne pas qu'elles s'assèchent. Au centre de chaque feuille, déposer environ 15 ml (1 c. à soupe) de farce. Badigeonner le pourtour des feuilles de blanc d'œuf battu. Replier puis pincer les quatre pointes des feuilles afin de former des baluchons. Couvrir d'une pellicule plastique et réserver au frais. 4. Étaler une feuille de papier parchemin ou quelques feuilles de laitue au fond d'un panier de bambou ou d'une marguerite en silicone. Disposer quelques dim sums dans le panier, en prenant soin de les espacer. Déposer le panier dans une casserole contenant 2,5 cm (1 po) d'eau. Cuire à la vapeur de 8 à 10 minutes. Répéter avec le reste des dim sums. 5. Réchauffer la sauce d'accompagnement aux arachides et servir avec les dim sums.

Préparation : **10 minutes** • Quantité : **1 portion**

Temakis aux crevettes et avocat

1 avocat
.....
½ citron
.....
125 ml (½ tasse) de riz basmati cuit
.....
12 crevettes nordiques
.....
30 ml (2 c. à soupe)
de vinaigrette japonaise
(de type Wafu)
ou de mayonnaise
.....
1 feuille d'algue nori
.....

1. Tailler l'avocat en dés. **2.** Déposer les dés d'avocat dans un bol. Presser le jus de citron sur l'avocat et remuer. Ajouter le riz, les crevettes et la vinaigrette. **3.** Préparer les temakis en suivant les étapes présentées ci-dessous.

C'est facile !

Préparer des temakis

Plier la feuille d'algue en deux afin de former un triangle. Presser sur la ligne du pli et déchirer la feuille afin d'obtenir deux triangles.

Pour former un cône, rabattre un coin extérieur vers la pointe centrale.

Faire de même avec l'autre coin extérieur et rouler en serrant bien afin de refermer la pointe du cône.

En tenant le cône dans une main, remplir le temaki de garniture. Répéter avec l'autre temaki.

Préparation : **12 minutes** • Quantité : **12 wontons**

Wontons au porc et gingembre

1 carotte hachée

15 ml (1 c. à soupe) de persil haché

½ oignon haché

10 ml (2 c. à thé) de gingembre haché

5 ml (1 c. à thé) d'ail haché

10 ml (2 c. à thé) de farine

125 ml (½ tasse) de porc haché

Sel et poivre au goût

24 feuilles de pâte à wontons

1 jaune d'œuf battu

1 litre (4 tasses) d'huile d'arachide ou de canola

1. Dans le contenant du robot culinaire, mélanger la carotte avec le persil, l'oignon, le gingembre, l'ail, la farine et le porc. Saler et poivrer. 2. Préparer les wontons en suivant les étapes présentées ci-dessous. 3. Au moment de la cuisson, chauffer l'huile à feu moyen-vif dans une grande casserole ou une friteuse. Frire quelques wontons à la fois, jusqu'à ce qu'ils soient dorés et croustillants. Égoutter sur du papier absorbant.

C'est facile !
Assembler des wontons

Au moment de préparer les wontons, vous pouvez leur donner différentes formes. Dans l'exemple ci-dessous, les wontons ressemblent à de petites pochettes. Vous pouvez aussi confectionner de petits baluchons en ramenant les quatre pointes de pâte vers le centre. Préparez seulement quelques wontons à la fois, car la pâte tend à sécher rapidement.

Sur le plan de travail, déposer six feuilles de pâte. Couvrir les autres feuilles d'un linge humide afin qu'elles ne s'assèchent pas. Au centre de chaque carré de pâte, déposer l'équivalent de 15 ml (1 c. à soupe) de farce.

Badigeonner le contour des pâtes de jaune d'œuf battu.

Replier la pâte sur la farce en formant un triangle. Presser afin de sceller les côtés ensemble.

Rabattre les deux pointes les plus longues l'une sur l'autre. Badigeonner les deux pointes de jaune d'œuf et presser afin de les sceller. Couvrir d'un linge humide et réserver au frais. Confectionner le reste des wontons en procédant de la même manière.

Préparation : **30 minutes** • Cuisson : **15 minutes** • Quantité : **24 egg rolls**

Egg rolls au porc et sauce aux prunes au parfum d'érable

SAUCE AUX PRUNES AU PARFUM D'ÉRABLE :

180 ml (¾ de tasse) de sauce aux prunes

60 ml (¼ de tasse) de sirop d'érable

30 ml (2 c. à soupe) de ketchup

15 ml (1 c. à soupe) de vinaigre de riz

POUR LA GARNITURE :

30 ml (2 c. à soupe) d'huile d'arachide

1 oignon haché

1 branche de céleri hachée

340 g (¾ de lb) de porc haché mi-maigre

500 ml (2 tasses) de chou chinois émincé

1,25 ml (¼ de c. à thé) de mélange chinois cinq épices

15 ml (1 c. à soupe) de sauce aux huîtres

15 ml (1 c. à soupe) de sauce soya

POUR LES ROULEAUX :

24 feuilles de pâte à pâtés impériaux (de type Wong Wing)

1 jaune d'œuf battu avec un peu d'eau

250 ml (1 tasse) d'huile de canola

1. Dans une casserole, porter à ébullition les ingrédients de la sauce aux prunes. Retirer du feu et laisser tiédir. **2.** Dans une poêle, chauffer l'huile à feu moyen. Cuire l'oignon, le céleri et le porc de 2 à 3 minutes. **3.** Ajouter le chou et le mélange chinois cinq épices.

4. Verser la sauce aux huîtres et la sauce soya. Laisser mijoter de 5 à 7 minutes. Retirer du feu et laisser tiédir. **5.** Confectionner de 4 à 6 egg rolls à la fois en suivant les étapes présentées ci-dessous. Couvrir les autres feuilles d'un linge humide pour ne pas qu'elles

s'assèchent. **6.** Dans une poêle, chauffer l'huile de canola à feu moyen-élevé. Frire quelques egg rolls à la fois 3 minutes, joint dessous, jusqu'à ce qu'ils soient dorés et croustillants, en les retournant de temps en temps. Servir avec la sauce aux prunes.

C'est facile !

Confectionner des egg rolls

Placer environ 30 ml (2 c. à soupe) de garniture sur chaque feuille de pâte. Humecter les deux extrémités avec le jaune d'œuf.

Replier la feuille de manière à couvrir environ la moitié de la garniture.

Badigeonner de jaune d'œuf l'extrémité du bord rabattu.

Rabattre l'autre partie de la feuille de pâte sur la première. Presser les joints pour sceller les egg rolls.

Préparation : **25 minutes** • Temps de trempage : **30 minutes** • Quantité : **12 rouleaux**

Rouleaux vietnamiens au poulet et légumes

125 g de vermicelles de riz
.....
¼ de chou chinois
.....
30 pois mange-tout
.....
2 oignons verts
.....
1 carotte
.....
250 ml (1 tasse) de poulet
cuit et émincé
.....
15 ml (1 c. à soupe) de ciboulette
fraîche hachée
.....

15 ml (1 c. à soupe) de coriandre
fraîche hachée
.....
30 ml (2 c. à soupe) d'huile
de sésame (non grillé)
.....
Sel et poivre au goût
.....
12 grandes feuilles à rouleaux
de printemps
.....
1 jaune d'œuf
.....
75 ml (5 c. à soupe) d'huile
de canola
.....

1. Faire tremper les vermicelles de riz dans l'eau tiède 30 minutes. Égoutter et hacher grossièrement. **2.** Émincer le chou chinois, les pois mange-tout et les oignons verts. Tailler la carotte en fine julienne. **3.** Dans un bol, mélanger les vermicelles de riz avec les légumes, le poulet et les fines herbes. **4.** Dans une poêle, chauffer l'huile de sésame à feu moyen. Faire revenir la préparation quelques minutes en prenant soin de garder les légumes croquants. Assaisonner. **5.** Confectionner les rouleaux en suivant les étapes présentées ci-dessous. **6.** Dans une poêle, chauffer l'huile de canola à feu moyen-élevé. Cuire quelques rouleaux à la fois 5 minutes en les retournant fréquemment afin qu'ils soient bien dorés et croustillants. Égoutter sur du papier absorbant.

C'est facile !

Confectionner des rouleaux

Sachez que les feuilles de rouleaux de printemps, vendues au rayon des produits asiatiques, sont faites pour être frites. Mais attention ! On nomme aussi « rouleaux de printemps » ces petits rouleaux confectionnés à partir de galettes de riz et consommés crus.

1

Poser une feuille à rouleau de printemps de biais sur le plan de travail. Déposer une petite quantité de garniture au centre de la feuille. Rabattre les côtés de la feuille sur la garniture.

2

Replier la pointe du bas sur le rouleau et rouler jusqu'au trois quarts en serrant bien.

3

Badigeonner la pointe du haut avec un peu de jaune d'œuf et sceller le rouleau.

Soupes parfumées

Sous son air tranquille avec son bouillon clair, la soupe asiatique cache une explosion de saveurs! Nul besoin de crème ou de tomate: le lait de coco, le miso, la citronnelle, la cardamome et l'anis étoilé nous mènent hors des sentiers battus là où «soupe» rime encore et toujours avec réconfort.

Préparation : **15 minutes** • Quantité : **4 portions**

Soupe express au miso et tofu

125 ml (½ tasse) d'algues
wakame séchées
. . . . .
1 litre (4 tasses) de bouillon
de légumes
. . . . .
60 ml (¼ de tasse) de miso
blanc ou brun
. . . . .
1 bloc de tofu soyeux de 250 g
. . . . .
2 oignons verts émincés
. . . . .

1. Faire ramollir les algues dans un bol d'eau tiède. **2.** Pendant ce temps, porter le bouillon à ébullition dans une casserole. **3.** Dans un petit contenant, délayer le miso dans un peu d'eau chaude. Verser le miso dans la casserole et baisser l'intensité du feu. Laisser frémir doucement le bouillon de 2 à 3 minutes – le miso ne doit pas bouillir afin de conserver toutes ses propriétés. Égoutter les algues et les couper en lanières. **4.** Couper le tofu en dés. **5.** Répartir le tofu, l'oignon vert et les algues dans des bols préalablement réchauffés sous l'eau chaude. Verser le bouillon et servir immédiatement.

Le saviez-vous ?

Qu'est-ce que le miso ?

Pâte fermentée à base de soya à laquelle du riz ou de l'orge est mélangé, le miso rehausse la saveur des aliments et en augmente la valeur nutritive. Reconnu pour ses propriétés stimulantes, ce condiment peut remplacer le sel et le tamari dans les soupes, les bouillons, les sautés, etc. Afin de conserver ses précieuses propriétés, il ne doit jamais bouillir : délayez-le dans une petite quantité de liquide chaud puis ajoutez-le à la préparation juste avant de servir. Plus le miso a fermenté, plus il sera salé et de couleur foncée. Vous trouverez le miso dans la section des produits naturels de votre supermarché ou dans les épiceries asiatiques.

Préparation : **30 minutes** • Cuisson : **20 minutes** • Quantité : **de 4 à 6 portions**

Soupe pho bo

250 g de nouilles de riz (banh pho)

POUR LA SOUPE :

180 g (environ ⅓ de lb) de bifteck de haut de surlonge, coupé en lanières

2 oignons verts émincés

1 oignon émincé

Piment fort au goût, émincé

250 ml (1 tasse) de fèves germées

8 à 10 feuilles de menthe

2 limes coupées en quartiers

POUR LE BOUILLON :

1,5 litre (6 tasses) de bouillon de bœuf

30 ml (2 c. à soupe) d'échalotes sèches hachées

15 ml (1 c. à soupe) de gingembre haché

5 ml (1 c. à thé) de cardamome moulue

2 anis étoilés

1. Faire tremper les nouilles de riz dans l'eau chaude de 10 à 15 minutes selon leur grosseur. Égoutter.
2. Pendant ce temps, porter à ébullition tous les ingrédients du bouillon dans une casserole. Couvrir et laisser mijoter 15 minutes à feu moyen. **3.** Ajouter les lanières de bœuf et prolonger la cuisson de 5 minutes. **4.** Répartir les nouilles, les oignons verts, l'oignon et le piment dans les bols préalablement réchauffés sous l'eau chaude. Verser le bouillon dans les bols. Ajouter les fèves germées. Garnir chacune des portions de deux feuilles de menthe et arroser du jus d'un ou deux quartier(s) de lime.

Le saviez-vous ?

Qu'est-ce que la soupe pho bo ?

D'origine vietnamienne, la soupe pho bo compose un plat très parfumé à partir d'un bouillon bien relevé, de nouilles de riz et de viande. Au Vietnam, cette soupe se déguste partout, offerte par de nombreux vendeurs de rue ainsi que dans les restaurants.

Préparation : **25 minutes** • Cuisson : **20 minutes** • Quantité : **4 portions**

Soupe tonkinoise au bœuf et shiitakes

POUR LA GARNITURE :
225 g (½ lb) de bifteck
d'intérieur de ronde

1 boîte de nouilles
de riz larges pour sauté
(de type Thaï Kitchen) de 198 g

100 g de champignons
shiitake ou enoki, émincés

250 ml (1 tasse)
de fèves germées

2 oignons verts émincés

2 limes coupées
en quartiers

POUR LE BOUILLON :
30 ml (2 c. à soupe)
d'huile de canola

1 oignon émincé

1,5 litre (6 tasses)
de bouillon de bœuf

30 ml (2 c. à soupe)
de jus de lime

15 ml (1 c. à soupe)
de sauce de poisson

15 ml (1 c. à soupe)
d'ail haché

15 ml (1 c. à soupe)
de gingembre haché

2 anis étoilés

2 clous de girofle

1 bâton de cannelle

1. Émincer le bœuf le plus finement possible, en tranches d'environ 0,5 cm (¼ de po) d'épaisseur. **2.** Préparer les nouilles selon les indications de l'emballage. **3.** Dans une casserole, chauffer l'huile à feu moyen. Faire dorer l'oignon de 1 à 2 minute(s). Ajouter le reste des ingrédients du bouillon. Porter à ébullition et laisser mijoter 20 minutes à découvert et à feu moyen.

4. Filtrer le bouillon et le remettre dans la casserole. Porter de nouveau à ébullition. Cuire les nouilles dans le bouillon de 2 à 3 minutes. Égoutter. **5.** Répartir les nouilles, les champignons, les fèves germées et le bœuf dans quatre bols. Verser le bouillon très chaud. **6.** Parsemer chacune des portions d'oignons verts. Servir avec les quartiers de limes.

J'aime parce que...

On peut la préparer avec des restes de viande à fondue !

Tellement savoureuse, cette soupe compose le plus délicieux des repas. Et en plus, elle est pratique ! Vous avez un reste de bœuf à fondue ? Utilisez-le en remplacement du bifteck d'intérieur de ronde.

Préparation : **45 minutes** • Cuisson : **1 heure 10 minutes** • Quantité : **de 4 à 6 portions**

Soupe wonton porc et gingembre

....

POUR LE BOUILLON :
.....
3 litres (12 tasses)
de bouillon de poulet
.....
60 ml (¼ de tasse)
de gingembre haché
.....
15 ml (1 c. à soupe) de cari
.....
15 ml (1 c. à soupe) de curcuma
.....
4 gousses d'ail hachées
.....
3 tiges de citronnelle,
fendues en deux sur la longueur
.....
2 carottes émincées
.....
1 oignon émincé
.....
Piment fort haché au goût
.....

POUR LES WONTONS :
.....
125 g (¼ de lb)
de porc haché maigre
.....
1 oignon vert émincé
.....
10 ml (2 c. à thé) d'ail haché
.....
15 ml (1 c. à soupe)
de gingembre
.....
15 ml (1 c. à soupe)
de sauce soya
.....
16 feuilles de pâte
à wontons
.....
1 jaune d'œuf battu
.....

POUR LA SOUPE :
.....
1 carotte
.....
2 oignons verts
.....
10 champignons shiitake
.....
500 ml (2 tasses)
de chou chinois émincé
.....
500 ml (2 tasses)
de fèves germées
.....
Quelques feuilles
de coriandre fraîche
.....

1. Dans une casserole, porter tous les ingrédients du bouillon à ébullition. Couvrir et laisser mijoter 1 heure. Filtrer le bouillon. **2.** Pendant ce temps, mélanger le porc haché avec l'oignon vert, l'ail, le gingembre et la sauce soya. **3.** Déposer les feuilles de pâte à wontons sur le plan de travail. Déposer 10 ml (2 c. à thé) de farce au centre de chaque feuille. Badigeonner le pourtour des feuilles de jaune d'œuf battu et replier les pâtes pour former des triangles. Badigeonner les pointes du triangle de jaune d'œuf puis rabattre les pointes l'une sur l'autre. Réserver au frais. **4.** Émincer la carotte, les champignons et les oignons verts. **5.** Ajouter les légumes dans la casserole contenant le bouillon et cuire 5 minutes. Ajouter les wontons et prolonger la cuisson de 2 à 3 minutes, jusqu'à ce que les wontons remontent à la surface. **6.** Au moment de servir, garnir chacune des portions de coriandre.

Le saviez-vous ?

Qu'est-ce quc des wontons ?

On les appelle aussi raviolis chinois. Les wontons sont conçus à partir de pâte à nouilles qui se présentent sous forme de feuilles de pâte carrées. Elles sont vendues fraîches dans les épiceries asiatiques ou surgelées dans les supermarchés. La garniture s'apprête très facilement. Ensuite, il ne reste qu'à donner forme aux wontons (voir les étapes présentées en page 24 pour plus de détails sur la confection des wontons).

Préparation : **30 minutes** • Cuisson : **10 minutes** • Quantité : **de 6 à 8 portions**

Soupe laska aux crevettes

POUR LA PÂTE DE LAKSA :
15 ml (1 c. à soupe)
d'huile de canola
.....
15 ml (1 c. à soupe)
de gingembre haché
.....
15 ml (1 c. à soupe) d'ail haché
.....
15 ml (1 c. à soupe) de cassonade
.....
10 ml (2 c. à thé) de cumin
.....

5 ml (1 c. à thé) de graines
de coriandre moulues
.....
2,5 ml (½ c. à thé) de curcuma
.....
3 oignons verts hachés
.....
2 bâtons de citronnelle, la partie
blanche du centre hachée
.....
1 petit piment fort haché
.....
POUR LA SOUPE :
120 g de vermicelles de riz
.....

1 litre (4 tasses)
de fumet de poisson
.....
15 ml (1 c. à soupe)
de sauce de poisson
.....
1 boîte de lait de coco de 400 ml
.....
12 à 16 grosses crevettes (21/25),
crues et décortiquées
.....
30 ml (2 c. à soupe) de jus de lime
.....
2 oignons verts émincés
.....

1. Mélanger ensemble tous les ingrédients de la pâte de laska. **2.** Dans une poêle, chauffer la pâte à feu moyen-vif. Cuire de 2 à 3 minutes en remuant continuellement. Réserver. **3.** Faire tremper les vermicelles de riz dans l'eau bouillante 5 minutes. **4.** Dans une casserole, verser le fumet, la sauce de poisson, la pâte de laska et le lait de coco. Laisser mijoter à feu doux de 5 à 6 minutes. **5.** Ajouter les crevettes, les vermicelles égouttés et le jus de lime. Cuire de 3 à 5 minutes. Répartir la soupe dans les bols et parsemer chacune des portions d'oignons verts.

Le saviez-vous ?

Qu'est-ce que la pâte de laksa ?

À base de lait de coco, cette soupe épicée aux nouilles doit toute sa saveur à la pâte de laksa qu'elle contient. Très parfumé, ce condiment nous vient de la cuisine peranakan qui mélange des éléments chinois et malais. La préparation de la pâte maison peut sembler complexe, mais elle en vaut vraiment la peine ! Et tant qu'à vous lancer, doublez la recette et congelez l'excédent dans des cubes à glaçons. On peut aussi trouver la pâte de laksa dans certaines épiceries asiatiques, en tube ou en sachet.

Préparation : **30 minutes** • Cuisson : **5 minutes** • Quantité : **de 4 à 6 portions**

Soupe aigre piquante

POUR LE BOUILLON :

3 litres (12 tasses)
de bouillon de poulet

60 ml (¼ de tasse)
de gingembre haché

15 ml (1 c. à soupe) de cari

15 ml (1 c. à soupe) de curcuma

4 gousses d'ail hachées

3 tiges de citronnelle,
fendues en deux sur la longueur

2 carottes émincées

1 oignon émincé

Piment fort haché au goût

POUR LA SOUPE :

45 ml (3 c. à soupe)
de vinaigre de riz

45 ml (3 c. à soupe) de tamari

15 ml (1 c. à soupe)
de sauce de poisson

15 ml (1 c. à soupe) de sucre

Piment fort au goût,
haché finement

1 boîte de pousses de bambou
tranchées de 199 ml,
égouttées et émincées

250 ml (1 tasse) de champignons
shiitake émincés

500 ml (2 tasses)
de fèves germées

20 petites crevettes (90/110),
crues et décortiquées

30 ml (2 c. à soupe)
de fécule de maïs

15 ml (1 c. à soupe)
d'eau froide

2 œufs battus

Quelques feuilles de menthe
et de coriandre fraîches

2 oignons verts émincés

1. Porter tous les ingrédients du bouillon à ébullition. Couvrir et laisser mijoter 1 heure. Filtrer. 2. Ajouter le vinaigre de riz, le tamari, la sauce de poisson, le sucre et le piment. Laisser mijoter 5 minutes. 3. Ajouter les légumes et les crevettes. Porter à ébullition. 4. Délayer la fécule dans l'eau froide. Ajouter et remuer jusqu'à épaississement. 5. Incorporer les œufs battus. Chauffer 1 minute et ajouter les fines herbes.

Préparation : **20 minutes** • Cuisson : **15 minutes** • Quantité : **de 4 à 6 portions**

Soupe thaïlandaise au poulet et coriandre

1 boîte de lait de coco
de 400 ml
.....
1 litre (4 tasses)
de bouillon de poulet
.....
15 ml (1 c. à soupe)
de gingembre haché
.....
5 ml (1 c. à thé) de pâte
de cari rouge
.....
5 ml (1 c. à thé)
de curcuma
.....

400 g (¾ de lb) de poitrines de
poulet désossées, la peau enlevée
.....
15 ml (1 c. à soupe) d'huile
de sésame (non grillé)
.....
1 oignon haché
.....
1 carotte émincée
.....
2 oignons verts émincés
.....
30 ml (2 c. à soupe)
de coriandre fraîche hachée
.....
Sel et poivre au goût
.....

1. Dans une casserole, porter à ébullition le lait de coco avec le bouillon de poulet, le gingembre, la pâte de cari et le curcuma. Laisser mijoter à feu doux 10 minutes. **2.** Tailler les poitrines de poulet en dés. **3.** Dans une poêle, chauffer l'huile de sésame à feu moyen. Faire dorer le poulet et l'oignon. **4.** Incorporer au bouillon et ajouter le reste des ingrédients. Poursuivre la cuisson 5 minutes.

Préparation : **25 minutes** • Cuisson : **20 minutes** • Quantité : **de 4 à 6 portions**

Soupe aux crevettes, poulet et vermicelles frits

1 carotte
.....
2 branches de céleri
.....
20 pois mange-tout
.....
2 boîtes de lait de coco
de 400 ml chacune
.....
500 ml (2 tasses)
de bouillon de poulet
.....

10 ml (2 c. à thé) d'ail haché
.....
15 ml (1 c. à soupe)
de gingembre haché
.....
5 ml (1 c. à thé) de curcuma
.....
15 ml (1 c. à soupe) d'huile
de sésame (non grillé)
.....
2 poitrines de poulet,
la peau enlevée et émincées
.....

16 crevettes moyennes
(31/40), crues et décortiquées
.....
POUR LES VERMICELLES FRITS :
.....
1 litre (4 tasses)
d'huile pour friture
(arachide ou canola)
.....
60 g de vermicelles de riz
.....

1. Couper les légumes en fine julienne. **2.** Dans une casserole, porter à ébullition le lait de coco et le bouillon de poulet. Ajouter l'ail, le gingembre et le curcuma. Couvrir et laisser mijoter 15 minutes à feu doux. **3.** Dans une poêle, chauffer l'huile de sésame à feu moyen. Faire dorer le poulet de 1 à 2 minute(s). **4.** Dans une grande casserole, chauffer l'huile jusqu'à ce qu'elle atteigne une température de 190 °C (375 °F) sur un thermomètre à bonbon. Frire quelques vermicelles à la fois. Égoutter sur du papier absorbant. **5.** Ajouter le poulet, les crevettes et la julienne de légumes dans le bouillon. Laisser mijoter à feu moyen 5 minutes. Répartir la soupe dans des bols et garnir de vermicelles de riz frits.

Préparation : **15 minutes** • Cuisson : **10 minutes** • Quantité : **4 portions**

Soupe thaï au lait de coco

2 boîtes de lait de coco
de 400 ml chacune
.....
250 ml (1 tasse)
de bouillon de poulet
.....
2 tiges de citronnelle,
parées et émincées
.....
15 ml (1 c. à soupe)
de gingembre haché
.....

Piment fort émincé,
au goût
.....
Sel au goût
.....
3 poitrines de poulet,
la peau enlevée et émincées
.....
1 poivron rouge émincé
.....
1 boîte de champignons volvaires
de 398 ml, égouttés
.....

30 ml (2 c. à soupe)
de jus de lime
.....
15 ml (1 c. à soupe)
de sauce de poisson
.....
1 oignon vert émincé
.....

1. Dans une casserole, verser le lait de coco et le bouillon. Ajouter la citronnelle, le gingembre et le piment. Assaisonner. Porter à ébullition et laisser mijoter de 5 à 8 minutes à feu doux.

2. Filtrer la préparation et remettre le bouillon dans la casserole.
3. Ajouter le poulet, le poivron, les champignons, le jus de lime et la sauce de poisson. Porter de nouveau à ébullition et laisser

mijoter de 5 à 6 minutes, jusqu'à ce que le poulet soit cuit. 4. Au moment de servir, parsemer chacune des portions d'oignon vert.

Volaille à l'orientale

La chair tendre de la volaille s'apprête avec bonheur dans les arômes tour à tour aigres, épicés et sucrés de la cuisine asiatique. Parfumé d'épices au nom exotique, le poulet et le canard se parent d'un air d'Orient et font voler nos papilles vers le pays du soleil levant.

Préparation : **15 minutes** • Cuisson : **10 minutes** • Quantité : **4 portions**

Poulet aux arachides

80 ml (⅓ de tasse)
de beurre d'arachide croquant
.....
125 ml (½ tasse) de bouillon
de poulet
.....
15 ml (1 c. à soupe) de tamari
.....
15 ml (1 c. à soupe)
de vinaigre de riz
.....
1 boîte de lait de coco de 400 ml
.....
5 ml (1 c. à thé) de sambal oelek
.....
15 ml (1 c. à soupe) d'huile
de sésame (non grillé)
.....

3 poitrines de poulet,
la peau enlevée et coupées
en lanières
.....
1 poivron rouge émincé
.....
15 ml (1 c. à soupe)
de gingembre haché
.....
5 ml (1 c. à thé) d'ail haché
.....
60 ml (¼ de tasse)
d'arachides rôties
.....
Quelques feuilles de coriandre
émincées (facultatif)
.....

1. Dans un bol, fouetter le beurre d'arachide avec le bouillon, le tamari, le vinaigre, le lait de coco et le sambal oelek. **2.** Dans une poêle, chauffer l'huile à feu moyen. Saisir le poulet de 1 à 2 minute(s). **3.** Ajouter le poivron, le gingembre et l'ail. Cuire de 2 à 3 minutes. **4.** Verser la préparation au lait de coco. Laisser mijoter à découvert et à feu moyen de 7 à 8 minutes. **5.** Au moment de servir, parsemer d'arachides rôties et de coriandre.

Le saviez-vous ?

Qu'est-ce que le sambal oelek ?

Le sambal oelek est un condiment corsé typique de la cuisine indonésienne. Il est fabriqué avec des piments rouges broyés, du sel, du vinaigre et des épices. Son apparence est proche de celle de la pâte de tomates, mais méfiez-vous : son goût n'est pas du tout le même !

Préparation : **20 minutes** • Cuisson : **5 minutes** • Quantité : **4 portions**

Chow mein au canard et à la mangue

500 ml (2 tasses) de nouilles chow mein (de type Farkay ou Golden Dragon)

340 g (¾ de lb) de poitrines de canard

375 ml (1 ½ tasse) de bouillon de poulet

½ sachet de mélange de sauce pour chow mein (de type Suwong) de 43 g

30 ml (2 c. à soupe) d'huile de canola

1 oignon émincé

10 ml (2 c. à thé) d'ail haché

1 mangue émincée

1 poivron rouge émincé

250 ml (1 tasse) de chou nappa émincé

250 g de pois verts sucrés coupés en deux

15 ml (1 c. à soupe) de vinaigre de riz

1. Cuire les nouilles selon le mode de préparation indiqué sur l'emballage. Rincer sous l'eau froide et égoutter. 2. Émincer les poitrines de canard. 3. Dans un bol, fouetter le bouillon avec le mélange à sauce pour chow mein. 4. Dans une poêle ou un wok, chauffer l'huile à feu moyen. Cuire l'oignon et l'ail 2 minutes. 5. Saisir les tranches de canard 1 minute de chaque côté, en procédant par petites quantités. Transférer les aliments dans une assiette au fur et à mesure que ceux-ci sont cuits. 6. Remettre le canard dans la poêle. Ajouter le reste des ingrédients. Chauffer jusqu'aux premiers frémissements et cuire de 2 à 3 minutes.

J'aime parce que...

Du canard, ça fait changement !

Apportez un vent de changement dans votre menu en cuisinant la poitrine de canard. On connaît déjà bien le magret (poitrine de canard gavé), mais sachez que l'on peut également se procurer la poitrine de canard non gavé au supermarché. Emballées individuellement et sous vide, ces poitrines sont offertes à l'année à un prix légèrement moins élevé que celui des magrets.

Préparation : **25 minutes** • Marinage : **1 heure**
Cuisson : **5 minutes** • Quantité : **24 moo pings**

Moo pings de poulet

4 poitrines de poulet,
la peau enlevée
.....
15 ml (1 c. à soupe)
d'huile de canola
.....
POUR LA MARINADE :
.....
250 ml (1 tasse)
de lait de coco
.....
30 ml (2 c. à soupe)
de coriandre hachée
.....
15 ml (1 c. à soupe) de sucre
.....

15 ml (1 c. à soupe)
de gingembre haché
.....
10 ml (2 c. à thé)
d'ail haché
.....
10 ml (2 c. à thé)
de poudre de cari
.....
2,5 ml (½ c. à thé)
de cumin
.....
1 tige de citronnelle,
parée et émincée
.....

**POUR LA SAUCE
D'ACCOMPAGNEMENT :**
.....
60 ml (¼ de tasse)
de sauce soya légère
.....
30 ml (2 c. à soupe)
de miel
.....
15 ml (1 c. à soupe)
de sauce de poisson
.....
15 ml (1 c. à soupe)
de zestes de lime
.....

1. Couper chacune des poitrines sur la longueur en six lanières d'environ 1 cm (½ po) d'épaisseur. **2.** Dans un bol, mélanger les ingrédients de la marinade. Ajouter le poulet et laisser mariner 1 heure au frais. **3.** Préparer la sauce d'accompagnement en mélangeant tous les ingrédients ensemble. Réserver au frais.

4. Au moment de cuire les moo pings, égoutter les lanières de poulet et jeter la marinade. Enfiler les lanières de poulet sur des brochettes de bambou. **5.** Dans une poêle, chauffer l'huile à feu moyen. Cuire les brochettes de 2 à 3 minutes de chaque côté en les retournant de temps en temps. Servir avec la sauce.

J'aime parce que...

Ça se sert bien en entrée !

Ces savoureuses mini-brochettes de poulet se servent aussi bien en entrée qu'en petites bouchées lors d'un cocktail dînatoire. Et en plus, on peut les préparer jusqu'à deux semaines à l'avance : il suffit de déposer les lanières de poulet enfilées sur des brochettes dans la marinade et de congeler le tout. Le jour du repas ou du cocktail, on prépare la sauce d'accompagnement et on fait dégeler les brochettes. Il ne reste plus qu'à les faire cuire, quelques minutes avant de servir.

Préparation : **15 minutes** • Cuisson : **15 minutes** • Quantité : **4 portions**

Cari de poulet

2 boîtes de lait de coco
de 400 ml chacune
.....
125 ml (½ tasse)
de bouillon de poulet
.....
2 bananes
.....
1 citron
.....
15 ml (1 c. à soupe)
de gingembre haché
.....
15 ml (1 c. à soupe)
de poudre de cari
.....

5 ml (1 c. à thé) d'ail haché
.....
Sel et poivre au goût
.....
15 ml (1 c. à soupe)
d'huile d'arachide
.....
750 g (1 ½ lb) de poulet
coupé en cubes
.....
60 ml (¼ de tasse)
de noix de coco râpée nature
.....
8 pois mange-tout émincés
(facultatif)
.....

1. Dans le contenant du robot culinaire, mélanger le lait de coco avec le bouillon, les bananes, le jus de citron, le gingembre, le cari, l'ail et l'assaisonnement. 2. Dans une grande casserole, chauffer l'huile à feu moyen-élevé. Faire dorer les cubes de poulet sur toutes les faces. 3. Verser la préparation au lait de coco dans la casserole. Laisser mijoter à feu doux de 15 à 20 minutes, jusqu'à ce que le poulet soit cuit. 4. Au moment de servir, saupoudrer chacune des portions de noix de coco râpée et, si désiré, de pois mange-tout émincés.

Le saviez-vous ?

Qu'est-ce que le cari ?

Le cari est un amalgame d'épices typique de l'Inde, aussi nommé *massala* (« mélange »). Sa recette varie selon les régions : gingembre, ail, cardamome, cumin, curcuma, poivre, piment, fenugrec... la liste est longue et variée ! Le cari tient son nom des Britanniques qui, au moment de la colonisation, appelaient *curry* (« cari » en français) les plats mijotés préparés par leur cuisinier indien. Le mot cari désigne donc aussi bien le mélange d'épices que le plat. La pâte de cari, quant à elle, est très concentrée et contient aussi des herbes aromatiques.

Préparation : **25 minutes** • Cuisson : **15 minutes** • Quantité : **4 portions**

Poulet du Général Tao

30 ml (2 c. à soupe)
de fécule de maïs
.....
45 ml (3 c. à soupe)
de farine
.....
5 ml (1 c. à thé)
de poudre à pâte
.....
Sel au goût
.....
1 œuf battu
.....
600 g (1 ¼ lb) de poitrines
de poulet, la peau enlevée
et coupées en cubes
.....

75 ml (5 c. à soupe)
d'huile d'arachide
.....
15 ml (1 c. à soupe)
de graines de sésame
.....
POUR LA SAUCE :
15 ml (1 c. à soupe) d'huile
de sésame (non grillé)
.....
15 ml (1 c. à soupe)
de gingembre haché
.....
10 ml (2 c. à thé) d'ail haché
.....
2 oignons verts émincés
.....
Piment fort frais au goût
.....

30 ml (2 c. à soupe)
de vinaigre de riz
.....
75 ml (5 c. à soupe)
de bouillon de poulet
.....
45 ml (3 c. à soupe) de sucre
.....
15 ml (1 c. à soupe)
de fécule de maïs
.....
30 ml (2 c. à soupe)
de sauce soya
.....
30 ml (2 c. à soupe)
de sauce aux huîtres
.....

1. Dans un bol, verser la fécule de maïs. Dans un second bol, mélanger la farine avec la poudre à pâte et le sel puis incorporer l'œuf battu. Enrober les cubes de poulet dans la fécule de maïs puis dans le deuxième mélange. 2. Dans une grande poêle, chauffer l'huile d'arachide à feu moyen-élevé. Cuire quelques cubes de poulet à la fois. Retirer du feu et réserver. 3. Dans une casserole, chauffer l'huile de sésame à feu moyen. Ajouter le gingembre, l'ail, les oignons verts et le piment fort. Cuire à feu doux 3 minutes. 4. Verser le vinaigre, le bouillon et le sucre. Laisser mijoter de 1 à 2 minute(s). 5. Dans un bol, délayer la fécule de maïs dans la sauce soya et la sauce aux huîtres. Incorporer la fécule au bouillon en fouettant. Ajouter le poulet et cuire 2 minutes. 6. Au moment de servir, saupoudrer chacune des portions de graines de sésame.

Le saviez-vous ?

Qui est le Général Tao ?

Le poulet du Général Tao serait-il à la Chine ce que la poutine est au Québec ? En effet, plusieurs régions de Chine revendiquent la création de ce mets. Mais selon certains, ce plat aux saveurs aigres, sucrées et épicées aurait plutôt vu le jour à New York. Le chef Peng Chang-Kuei, créateur de la recette, aurait baptisé son plat en l'honneur du Général Tao, illustre militaire de la province chinoise du Hunan. Mais peu importe leur origine : on adore ces petites bouchées de poulet légèrement relevées et subtilement sucrées !

Préparation : **20 minutes** • Cuisson : **15 minutes** • Quantité : **de 4 à 6 portions**

Chow mein au poulet et basilic

1 paquet de nouilles
à chow mein de 350 g
.....
1 oignon rouge
.....
1 poivron rouge
.....
2 carottes
.....
2 branches de céleri
.....
4 poitrines de poulet,
la peau enlevée
.....
60 ml (¼ de tasse)
de sauce soya ou de tamari
.....
250 ml (1 tasse)
de bouillon de poulet
.....

10 ml (2 c. à thé) d'ail haché
.....
15 ml (1 c. à soupe)
de gingembre haché
.....
15 ml (1 c. à soupe)
de fécule de maïs
.....
5 ml (1 c. à thé)
de mélange chinois cinq épices
.....
15 ml (1 c. à soupe)
d'huile de sésame (non grillé)
.....
30 ml (2 c. à soupe)
de basilic frais émincé
.....
2 oignons verts émincés
.....

1. Cuire les nouilles selon le mode de préparation indiqué sur l'emballage. Égoutter et réserver.
2. Émincer l'oignon et le poivron. Tailler finement les carottes et le céleri en biseau. Couper les poitrines en fines lanières.

3. Dans un bol, mélanger la sauce soya avec le bouillon, l'ail, le gingembre, la fécule et les épices chinoises. 4. Dans un wok ou une grande poêle, chauffer l'huile à feu moyen-vif. Faire sauter le poulet de 2 à 3 minutes. 5. Ajouter

les légumes et cuire 2 minutes.
6. Verser le mélange de sauce soya et porter à ébullition en remuant. Incorporer les nouilles, le basilic et les oignons verts. Servir immédiatement.

Le saviez-vous ?

Qu'est-ce qu'un chow mein ?

Tout comme les egg rolls et le poulet du Général Tao, le chow mein fait partie des classiques servis dans les restaurants asiatiques. Ce plat cantonais se compose de nouilles (à chow mein, bien sûr !), de légumes, de viande ou de crevettes ; le tout est sauté dans le wok et nappé d'une préparation à base de sauce soya. Le chow mein se prête à toutes les interprétations ; profitez-en pour utiliser vos restes de viande et de légumes… et n'hésitez pas à réinventer ce délicieux plat !

Prép........on : **15 minutes** • Cuisson : **8 minutes** • Quantité : **4 portions**

Poulet aux noix de cajou

POUR LA SAUCE :

250 ml (1 tasse)
de bouillon de poulet

45 ml (3 c. à soupe)
de vinaigre de riz

30 ml (2 c. à soupe) de sauce soya

30 ml (2 c. à soupe) de sauce hoisin

15 ml (1 c. à soupe) de sucre

15 ml (1 c. à soupe)
de fécule de maïs

Poivre au goût

POUR LE POULET :

3 poitrines de poulet,
la peau enlevée

30 ml (2 c. à soupe)
d'huile d'arachide

80 ml (⅓ de tasse)
de noix de cajou

1 poivron rouge
coupé en lanières

15 ml (1 c. à soupe) d'ail haché

10 ml (2 c. à thé)
de gingembre haché

1 oignon vert émincé

1. Dans un bol, fouetter les ingrédients de la sauce. Réserver. **2.** Tailler les poitrines de poulet en dés. **3.** Dans un wok ou une poêle, chauffer l'huile à feu moyen. Faire dorer les noix de cajou 1 minute. Ajouter les dés de poulet et faire dorer 2 minutes de chaque côté.

Retirer les noix et le poulet de la poêle. **4.** Dans la même poêle, cuire le poivron, l'ail et le gingembre de 2 à 3 minutes. **5.** Ajouter le poulet, les noix de cajou et la sauce réservée. Poursuivre la cuisson de 2 à 3 minutes. **6.** Au moment de servir, parsemer d'oignon vert.

J'aime parce que...

Ça donne du goût, la sauce hoisin

Cette préparation à la fois sucrée et pimentée est faite à base de pâte de soya, d'ail, de vinaigre, d'épices et de sucre. Sa consistance et sa saveur lui valent le titre de «ketchup des Chinois». C'est avec cette sauce que l'on prépare le fameux canard laqué. La sauce hoisin se marie bien à la volaille, à la viande et aux plats sautés.

Préparation : **12 minutes** • Cuisson : **10 minutes** • Quantité : **4 portions**

Poulet teriyaki

POUR LA SAUCE TERIYAKI :
250 ml (1 tasse) de sauce soya

125 ml (½ tasse)
de cassonade

45 ml (3 c. à soupe) de mirin

30 ml (2 c. à soupe)
de bouillon de poulet

POUR LE POULET :
125 ml (½ tasse) de farine

4 poitrines de poulet

15 ml (1 c. à soupe)
d'huile d'arachide

30 ml (2 c. à soupe)
de graines de sésame

1. Dans une petite casserole, porter à ébullition les ingrédients de la sauce teriyaki. Diminuer l'intensité du feu à moyen et laisser mijoter 5 minutes. Retirer du feu et laisser tiédir. **2.** Pendant ce temps, verser la farine dans une assiette. Fariner la volaille sur toutes les faces.

3. Dans une grande casserole, chauffer l'huile à feu élevé. Cuire le poulet 2 minutes de chaque côté. **4.** Dans une poêle, déposer le poulet et verser la sauce teriyaki. Couvrir et cuire 5 minutes. **5.** Au moment de servir, saupoudrer chacune des portions de graines de sésame.

Le saviez-vous ?

Qu'est-ce que le mirin ?

Ce vin de riz japonais au goût doux et sucré est utilisé en cuisine plutôt que comme boisson. Sa présence est agréable dans les marinades et les sauces. Il est aussi idéal pour caraméliser la viande. Si vous ne dénichez pas de mirin, employez un autre vin de riz, du xérès ou un mélange fait d'une cuillère à soupe de saké et d'une cuillère à thé de sucre.

Préparation : **20 minutes** • Cuisson : **5 minutes** • Quantité : **4 portions**

Salade tiède au poulet et légumes croquants

POUR LA VINAIGRETTE :

45 ml (3 c. à soupe)
de jus d'orange

45 ml (3 c. à soupe)
d'huile de canola

30 ml (2 c. à soupe)
de sauce soya ou de tamari

15 ml (1 c. à soupe)
de vinaigre de riz

15 ml (1 c. à soupe)
de jus de lime

10 ml (2 c. à thé)
de gingembre haché

POUR LA SALADE :

225 g de vermicelles de riz

1 concombre

2 carottes

1 poivron rouge

¼ de chou chinois

15 ml (1 c. à soupe)
d'huile de sésame (non grillé)

2 poitrines de poulet,
la peau enlevée et émincées

250 ml (1 tasse) de fèves germées

Quelques feuilles de coriandre

45 ml (3 c. à soupe)
de noix de cajou hachées

1. Dans un bol, fouetter ensemble les ingrédients de la vinaigrette. 2. Faire tremper les vermicelles dans l'eau chaude selon le mode de préparation indiqué sur l'emballage. Égoutter. 3. Couper le concombre et les carottes en fines lanières. Émincer le poivron et le chou. 4. Dans une poêle, chauffer l'huile de sésame à feu moyen-élevé. Faire dorer les dés de poulet. Verser environ le tiers de la vinaigrette et porter à ébullition. Laisser mijoter de 2 à 3 minutes à feu moyen. 5. Dans le bol contenant la vinaigrette, ajouter les vermicelles égouttés, les légumes émincés et les fèves germées. Bien mélanger. 6. Répartir cette préparation dans les assiettes. Garnir chacune des portions de dés de poulet et napper de sauce chaude. Parsemer de coriandre et de noix de cajou.

Préparation : **15 minutes** • Marinage : **3 heures**
Cuisson : **12 minutes** • Quantité : **4 portions**

Pilons de poulet cinq parfums

16 pilons de poulet

15 ml (1 c. à soupe)
d'huile d'arachide

12 châtaignes d'eau émincées

POUR LA MARINADE :

30 ml (2 c. à soupe)
de sauce hoisin

30 ml (2 c. à soupe)
de sauce aux huîtres

30 ml (2 c. à soupe)
de vinaigre de riz

30 ml (2 c. à soupe) de miel

15 ml (1 c. à soupe)
d'ail haché

10 ml (2 c. à thé) de mélange
chinois cinq épices

10 ml (2 c. à thé)
de gingembre haché

1. Dans un bol, mélanger tous les ingrédients de la marinade. Ajouter les pilons de poulet. Couvrir et laisser mariner au frais de 3 à 12 heures. **2.** Au moment de la cuisson, chauffer l'huile à feu élevé dans un wok ou une poêle. Verser la marinade et déposer les pilons dans le wok. Couvrir et cuire de 10 à 12 minutes. **3.** Ajouter les châtaignes d'eau et cuire de 1 à 2 minute(s).

Préparation : **25 minutes** • Cuisson : **12 minutes** • Quantité : **4 portions**

Poulet à la mandarine

6 mandarines ou clémentines
.....
45 ml (3 c. à soupe) de miel
.....
30 ml (2 c. à soupe)
de tamari
.....
15 ml (1 c. à soupe) d'huile
de sésame (non grillé)
.....
125 ml (½ tasse)
de bouillon de poulet
.....

15 ml (1 c. à soupe)
d'huile de canola
.....
4 poitrines de poulet
de 180 g (environ ⅓ de lb)
chacune, la peau enlevée
.....
10 ml (2 c. à thé) de fécule de maïs
.....
30 ml (2 c. à soupe) de graines
de sésame blanches rôties
.....

1. Au-dessus d'un grand un bol, presser le jus de 4 mandarines. Prélever les quartiers des 2 autres et réserver. 2. Dans un bol, mélanger le jus des mandarines avec le miel, la sauce tamari, l'huile de sésame et le bouillon de poulet. 3. Dans une poêle, chauffer l'huile de canola à feu moyen. Faire dorer les poitrines 3 minutes de chaque côté. 4. Verser la préparation liquide. Cuire 6 minutes jusqu'à ce que la chair des poitrines ait perdu sa teinte rosée. 5. Délayer la fécule dans un peu d'eau froide. Incorporer à la préparation et remuer jusqu'à épaississement. 6. Ajouter les quartiers de mandarines et remuer pour les enrober de sauce. 7. Au moment de servir, parsemer chacune des portions de graines de sésame.

Préparation : **15 minutes** • Quantité : **4 portions**

Salade de poulet à l'asiatique

4 poitrines poulet cuites
.....
1 contenant
de bébés épinards de 142 g
.....
1 poivron rouge émincé
.....
½ poivron jaune émincé
.....
½ oignon rouge émincé
.....

250 ml (1 tasse) de
nouilles pour chow mein
.....
2 oignons verts émincés
.....
125 ml (½ tasse) de vinaigrette
japonaise carotte et gingembre
(de type Wafu)
.....

1. Émincer les poitrines de poulet.
2. Répartir les bébés épinards,
les poivrons et l'oignon rouge dans
les assiettes. 3. Garnir chacune
des portions de tranches de poulet,
de nouilles et d'oignons verts.
Napper de vinaigrette.

Bœuf et porc autrement

Conjugués aux accents d'Orient,

le bœuf et le porc fondent

dans la bouche ! Qu'elle soit cuite

sur le gril avec une marinade

relevée ou mijotée dans

une sauce parfumée, la viande

promet d'être tendre à souhait

et de transporter vos convives

sur un autre continent.

Préparation : **20 minutes** • Cuisson : **1 heure** • Quantité : **4 portions**

Mijoté de porc à la chinoise

15 ml (1 c. à soupe)
d'huile de canola
.....
675 g (1 ½ lb) de cubes
de porc à ragoût
.....
POUR LA SAUCE :
.....
250 ml (1 tasse)
de bouillon de poulet
.....
125 ml (½ tasse)
de sauce aux prunes
.....
60 ml (¼ de tasse)
de sauce chili
.....
30 ml (2 c. à soupe) de sauce soya
.....

30 ml (2 c. à soupe)
d'huile de sésame
.....
30 ml (2 c. à soupe)
de miel
.....
15 ml (1 c. à soupe)
d'ail haché
.....
15 ml (1 c. à soupe)
de gingembre haché
.....
2 pincées de mélange
chinois cinq épices
.....
1 anis étoilé
.....
Poivre au goût
.....

1. Dans une casserole, chauffer l'huile à feu moyen-élevé. Faire dorer les cubes de porc. 2. Verser 375 ml (1 ½ tasse) de bouillon et ajouter le reste des ingrédients. Couvrir et cuire à feu doux 1 heure.

J'aime parce que...

Ça sent bon !

L'anis étoilé, cette épice en jolie forme d'étoile, renferme des graines qui communiquent aux plats un arôme et un goût marqué d'anis. L'anis étoilé entre dans la composition du mélange cinq épices, très souvent utilisé dans la gastronomie chinoise.

Préparation : **12 minutes** • Cuisson : **20 minutes** • Quantité : **4 portions**

Spare ribs caramélisés

1,5 kg (3 lb) de travers
de porc coupés

10 ml (2 c. à thé) de mélange
chinois cinq épices

30 ml (2 c. à soupe)
de ketjap manis

15 ml (1 c. à soupe) d'ail haché

45 ml (3 c. à soupe) de miel

60 ml (¼ de tasse) de mirin

45 ml (3 c. à soupe)
de vinaigre de riz

15 ml (1 c. à soupe)
de gingembre haché

10 ml (2 c. à thé) de sambal oelek

15 ml (1 c. à soupe)
d'huile d'arachide

1. Cuire les côtes de porc dans une grande casserole d'eau bouillante de 10 à 12 minutes. Égoutter sur du papier absorbant. **2.** Mélanger les épices avec le ketjap manis, l'ail, le miel, le mirin, le vinaigre, le gingembre et le sambal oelek. **3.** Dans un wok, chauffer l'huile à feu moyen-élevé. Faire dorer la viande. Retirer du wok. **4.** Verser le mélange précédent et porter à ébullition. Ajouter les côtes de porc et cuire 10 minutes en remuant, jusqu'à ce que la viande soit bien enrobée de sauce.

J'aime parce que...

C'est tellement bon !

Des *spare ribs* maison, quel délice ! Cuits doucement dans la sauce, ils deviennent parfaitement tendres. C'est un vrai péché mignon !

Préparation : **15 minutes** • Cuisson : **10 minutes** • Quantité : **12 satays**

Satays de porc indonésiens

POUR LA SAUCE :

15 ml (1 c. à soupe)
de graines de coriandre

15 ml (1 c. à soupe)
de graines de cumin

15 ml (1 c. à soupe) d'ail haché

1 boîte de lait de coco de 400 ml

45 ml (3 c. à soupe) de miel

15 ml (1 c. à soupe)
de gingembre haché

Piment fort au goût

1 lime (jus)

250 ml (1 tasse) de beurre
d'arachide croquant

POUR LES SATAYS :

450 g (1 lb) de lanières
de porc

Sel au goût

15 ml (1 c. à soupe)
d'huile d'arachide

1. Dans une casserole, chauffer quelques minutes les graines de coriandre et de cumin en remuant. 2. Ajouter l'ail, le lait de coco, le miel, le gingembre, le piment fort, le jus de lime et le beurre d'arachide. Cuire à feu doux de 6 à 8 minutes en remuant. Retirer du feu et laisser tiédir. 3. Sur des brochettes de bambou, enfiler les lanières de porc et saler. 4. Dans une poêle antiadhésive, chauffer l'huile à feu moyen-élevé. Cuire les satays de 2 à 3 minutes de chaque côté. Servir avec la sauce aux arachides.

Le saviez-vous ?

Pourquoi on les appelle « satays » ?

Un satay désigne une petite brochette très populaire en Asie. Au lieu des classiques cubes, les satays se composent de lanières que l'on enfile sur la brochette. Si vous ne trouvez pas de lanières de porc à votre supermarché, procurez-vous des côtelettes avec ou sans os et taillez-les vous-même à une épaisseur de 1,5 cm (1 po). Ces petites brochettes peuvent se servir en guise d'amuse-gueules, à l'heure de l'apéro, ou en repas du soir avec du riz et des légumes sautés. Pour un plat principal, il faut compter six satays par personne.

Préparation : **20 minutes** • Cuisson : **17 minutes** • Quantité : **4 portions**

Porc caramélisé et litchis

250 ml (1 tasse)
de bouillon de bœuf

10 ml (2 c. à thé) d'ail haché

15 ml (1 c. à soupe)
de gingembre haché

5 ml (1 c. à thé) de poudre de cari

30 ml (2 c. à soupe) de sauce
soya ou de tamari

15 ml (1 c. à soupe)
d'huile de canola

2 filets de porc de 340 g
(¾ de lb) chacun

1 boîte de litchis
de 540 ml, égouttés
et coupés en dés

45 ml (3 c. à soupe) de miel

1. Préchauffer le four à 205 °C (400 °F). **2.** Dans un bol, mélanger le bouillon avec l'ail, le gingembre, le cari et la sauce soya. **3.** Dans une poêle, chauffer l'huile à feu moyen. Faire dorer les filets de porc et les litchis. **4.** Verser le miel et faire caraméliser 2 minutes. Ajouter la préparation à la sauce soya. **5.** Transférer le contenu de la poêle dans un plat de cuisson. Cuire au four de 15 à 20 minutes. **6.** Régler le four à la position « gril » (*broil*) et faire caraméliser à nouveau les filets de 2 à 3 minutes. **7.** Retirer les filets de porc et réserver la sauce. Couvrir la viande d'une feuille de papier d'aluminium et laisser reposer de 5 à 8 minutes. Trancher les filets et napper avec la sauce.

Le saviez-vous ?

Qu'est-ce que des litchis ?

Ces petits fruits proviennent d'un arbre de la famille des sapindacées d'origine chinoise. Protégés par une peau rouge et dure, leur chair blanche est très juteuse et sucrée.

Préparation : **25 minutes** • Cuisson : **1 heure** • Quantité : **4 portions**

Porc au gingembre et cajous

30 ml (2 c. à soupe)
d'huile de canola
.....
675 g (1 ½ lb) de cubes
de porc à ragoût
.....
15 ml (1 c. à soupe) d'ail haché
.....
15 ml (1 c. à soupe)
de gingembre haché
.....

500 ml (2 tasses)
de bouillon de bœuf
.....
250 ml (1 tasse)
de sauce aux huîtres
.....
60 ml (¼ de tasse) de sauce soya
.....
Sel et poivre au goût
.....

1 tige de citronnelle parée
et coupée en trois morceaux
.....
30 ml (2 c. à soupe)
de fécule de maïs
.....
250 ml (1 tasse) de noix
de cajou
.....

1. Dans une casserole, chauffer l'huile à feu moyen. Faire dorer les cubes de porc sur toutes les faces. 2. Ajouter l'ail et le gingembre. Remuer quelques secondes. 3. Verser le bouillon, la sauce aux huîtres et la sauce soya. Assaisonner et ajouter la tige de citronnelle. Porter à ébullition. Couvrir et cuire à feu doux 1 heure. 4. Lorsque le porc est cuit, délayer la fécule de maïs dans un peu d'eau froide. Porter à ébullition et verser la fécule en remuant. Ajouter les noix de cajou et servir.

Préparation : **10 minutes** • Cuisson : **5 minutes** • Quantité : **4 portions**

Porc aigre-doux aux légumes

45 ml (3 c. à soupe)
de vinaigre de riz
.....
45 ml (3 c. à soupe)
de sucre
.....
15 ml (1 c. à soupe)
de gingembre haché
.....
10 ml (2 c. à thé) de curcuma
.....
1 tige de citronnelle hachée
.....

15 ml (1 c. à soupe)
d'huile d'arachide
.....
750 g (1 ½ lb) de cubes
de porc
.....
10 ml (2 c. à thé) de mélange
chinois cinq épices
.....
15 ml (1 c. à soupe) de tamari
.....
16 maïs miniatures
.....

16 haricots verts
.....
125 ml (½ tasse) de pousses
de bambou émincées
.....
1 lime (jus)
.....
2 oranges (jus)
.....
Sel et piment fort au goût
.....
15 ml (1 c. à soupe)
de fécule de maïs
.....

1. Dans un bol, mélanger le vinaigre avec le sucre, le gingembre, le curcuma et la citronnelle. 2. Dans un poêlon, chauffer l'huile à feu moyen-élevé. Faire dorer les cubes de porc. 3. Assaisonner avec le mélange cinq épices. Verser la sauce tamari. Cuire de 2 à 3 minutes. 4. Ajouter le mélange à base de vinaigre, les légumes, le jus de lime et le jus des oranges. Porter à ébullition. Assaisonner. Délayer la fécule de maïs dans un peu d'eau froide et ajouter à la préparation. Poursuivre la cuisson de 1 à 2 minute(s).

Préparation : **30 minutes** • Marinage : **1 heure** • Cuisson : **6 minutes**
Quantité : **12 brochettes (4 portions)**

Brochettes de bœuf
sur salade de vermicelles

450 g (1 lb) de biftecks
de surlonge, coupés en 12 lanières
de 1 cm (⅓ de po)
.....

POUR LA MARINADE :
.....
30 ml (2 c. à soupe)
de coriandre fraîche hachée

30 ml (2 c. à soupe)
de gingembre frais haché
.....

45 ml (3 c. à soupe)
de sauce soya
.....
45 ml (3 c. à soupe)
de miel
.....
60 ml (¼ de tasse)
de jus de lime
.....
125 ml (½ tasse) d'huile
de canola
.....

POUR LA SALADE :
.....
½ paquet de vermicelles
de riz de 250 g
.....
1 carotte
.....
½ papaye
.....
2 branches de céleri
.....
20 pois mange-tout
.....
250 ml (1 tasse) de fèves germées
.....

1. Faire tremper 12 brochettes de bambou dans un récipient d'eau. **2.** Dans un grand bol, mélanger tous les ingrédients de la marinade. Verser la moitié de la marinade dans un sac hermétique. Ajouter le bœuf et réfrigérer 1 heure. Réserver le reste de la marinade pour la salade. **3.** Préparer les vermicelles selon les indications de l'emballage. Égoutter et laisser tiédir. **4.** Couper la carotte, la demi-papaye, le céleri et les pois mange-tout en fine julienne. Déposer dans le bol contenant la marinade réservée. Ajouter les vermicelles et les fèves germées. Remuer et réfrigérer 30 minutes. **5.** Enfiler les lanières de bœuf sur les brochettes. **6.** Au moment de la cuisson, préchauffer le barbecue à puissance moyenne-élevée. Sur la grille chaude et huilée, déposer les brochettes et fermer le couvercle. Cuire 3 minutes de chaque côté. Répartir la salade et les brochettes dans les assiettes.

Préparation : **15 minutes** • Marinage : **1 heure**
Cuisson : **4 minutes** • Quantité : **4 portions**

Bœuf à l'orange

450 g (1 lb) de bifteck
de surlonge de bœuf
.....
60 ml (¼ de tasse)
de jus d'orange
.....
30 ml (2 c. à soupe)
d'huile de canola
.....
1 oignon émincé
.....

POUR LA SAUCE :
.....
180 ml (¾ de tasse)
de jus d'orange
.....
45 ml (3 c. à soupe)
de sauce tamari
.....
30 ml (2 c. à soupe) d'huile
de sésame (non grillé)
.....

15 ml (1 c. à soupe) de miel
.....
15 ml (1 c. à soupe) de gingembre
coupé en julienne
.....
15 ml (1 c. à soupe)
de zestes d'orange
.....
10 ml (2 c. à thé)
de fécule de maïs
.....

1. Tailler le bifteck en lanières
de 0,5 cm (¼ de po) d'épaisseur.
Verser le jus d'orange dans un
contenant hermétique. Ajouter
le bœuf et laisser mariner 1 heure
au frais. **2.** Dans un bol, mélanger
les ingrédients de la sauce.
Réserver au frais. **3.** Égoutter
le bœuf et éponger sur du
papier absorbant. **4.** Dans une

poêle ou un wok, chauffer l'huile
à feu moyen-vif. Faire dorer les
lanières 1 minute de chaque côté.
Retirer les lanières de la poêle.
5. Dans la même poêle, faire dorer
l'oignon 1 minute. **6.** Remettre le
bœuf dans la poêle et verser la
sauce. Porter à ébullition et laisser
mijoter jusqu'à épaississement.

Préparation : **15 minutes** • Cuisson : **15 minutes** • Quantité : **4 portions**

Filets de porc
aux nouilles chinoises

340 g de nouilles chinoises
.....
2 filets de porc de 340 g
(¾ de lb) chacun
.....
Sel et poivre au goût
.....
15 ml (1 c. à soupe) d'huile
de sésame (non grillé)
.....

15 ml (1 c. à soupe)
de sucre
.....
60 ml (¼ de tasse)
de sauce soya
.....
250 ml (1 tasse)
de bouillon de poulet
.....

1 poivron rouge émincé
.....
16 mini-bok choys
.....
2 oignons verts émincés
.....
Quelques feuilles
de coriandre fraîche
.....

1. Cuire les nouilles selon le mode de préparation indiqué sur l'emballage. **2.** Préchauffer le four à 190 °C (375 °F). **3.** Assaisonner les filets de porc. Dans une grande poêle, chauffer l'huile de sésame à feu moyen. Faire dorer le porc sur toutes les faces. **4.** Ajouter le sucre, la sauce soya, le bouillon, le poivron et les bok choys. **5.** Remuer et transférer la préparation dans un plat de cuisson. Cuire au four de 15 à 20 minutes. **6.** Retirer le porc et déposer dans une assiette. Couvrir la viande d'une feuille de papier d'aluminium. Laisser reposer de 5 à 8 minutes avant de couper le porc en tranches. **7.** Ajouter les nouilles dans le plat de cuisson. Remuer afin qu'elles soient enrobées de sauce. **8.** Au moment de servir, disposer les nouilles, les légumes et les tranches de porc dans les assiettes. Parsemer chacune des portions d'oignon vert et de coriandre. Servir aussitôt.

Préparation : **20 minutes** • Marinage : **2 heures** • Cuisson : **15 minutes** • Quantité : **4 portions**

Émincé de bœuf
à la coréenne

4 tournedos de bœuf
de 2,5 cm (1 po) d'épaisseur
·····
375 ml (1 ½ tasse)
de bouillon de poulet
·····
180 ml (¾ de tasse)
de riz basmati
·····
Sel et poivre au goût
·····
10 ml (2 c. à thé)
de fécule de maïs
·····

4 feuilles de laitue Boston
·····
2 oignons verts émincés
·····
Piment fort émincé au goût
·····
30 ml (2 c. à soupe)
de graines de sésame
·····
POUR LA MARINADE :
15 ml (1 c. à soupe) d'ail haché
·····
15 ml (1 c. à soupe)
de gingembre haché
·····

15 ml (1 c. à soupe)
d'huile de sésame
·····
30 ml (2 c. à soupe) de miel
·····
30 ml (2 c. à soupe) d'échalotes
sèches hachées
·····
60 ml (¼ de tasse) de sauce soya
·····
60 ml (¼ de tasse)
de bouillon de légumes
·····
Poivre au goût
·····

1. Mélanger les ingrédients de la marinade. Déposer les tournedos dans un sac hermétique avec la moitié de la marinade et réfrigérer de 2 à 3 heures. Réserver le reste de la marinade au frais. **2.** Porter à ébullition le bouillon et le riz. Assaisonner. Couvrir et cuire à feu doux de 10 à 15 minutes.

3. Égoutter les tournedos et réserver la marinade. Sur le barbecue, cuire de 5 à 7 minutes de chaque côté à puissance moyenne-élevée, en badigeonnant de marinade à quelques reprises. Retirer les tournedos, couvrir de papier d'aluminium et laisser reposer de 8 à 10 minutes. **4.** Porter à ébullition la marinade

réservée. Délayer la fécule de maïs dans un peu d'eau froide. Ajouter à la marinade et remuer jusqu'à épaississement. **5.** Émincer les biftecks. **6.** Répartir le riz et la viande sur les feuilles de laitue. Napper de sauce. Parsemer d'oignons verts, de piment et de graines de sésame.

Délices de la mer

Si le poisson est roi au pays des empereurs, la crevette est certainement reine! Qu'ils soient frits en tempura, sautés ou grillés, les poissons et fruits de mer trouvent leurs lettres de noblesse dans la cuisine asiatique grâce aux mariages subtils de soya, d'huile de sésame, d'agrumes et de coriandre.

Préparation : **30 minutes** • Cuisson : **20 minutes** • Quantité : **4 portions**

Tempura de courgette, patate douce et crevettes

POUR LA SAUCE :

60 ml (¼ de tasse)
de sauce soya ou de tamari

30 ml (2 c. à soupe) de mirin
ou de miel

15 ml (1 c. à soupe)
de vinaigre de riz

10 ml (2 c. à thé)
de graines de sésame

POUR LA GARNITURE :

1 courgette

1 patate douce

½ brocoli

1 litre (4 tasses)
d'huile de canola

16 crevettes moyennes (31/40),
crues et décortiquées

POUR LA PÂTE :

1 œuf

250 ml (1 tasse)
d'eau glacée

15 ml (1 c. à soupe)
de gingembre haché

500 ml (2 tasses)
de farine

1. Dans un bol, mélanger tous les ingrédients de la sauce. Réserver.
2. Couper la courgette et la patate douce en tranches minces de 0,5 cm (¼ de po). Détailler le brocoli en petits bouquets. **3.** Dans une casserole, chauffer l'huile jusqu'à ce qu'elle atteigne 190 °C (375 °F) sur un thermomètre à cuisson.
4. Dans un grand bol, fouetter l'œuf avec l'eau et le gingembre. Incorporer graduellement 375 ml (1 ½ tasse) de farine en fouettant. **5.** Verser le reste de la farine dans un sac hermétique.

Fariner quelques légumes à la fois et secouer pour enlever l'excédent. Enrober de pâte.
6. Plonger délicatement les légumes dans l'huile chaude. Cuire de 2 à 3 minutes en retournant en cours de cuisson. Égoutter sur du papier absorbant et réserver dans un four chaud.
7. Procéder de la même manière avec le reste des légumes, puis avec les crevettes. Assurez-vous que l'huile est toujours à la bonne température avant de poursuivre la friture. Servir avec la sauce.

J'aime aussi...

Plein de légumes en tempura

Des champignons, des carottes, des pois sucrés ou encore des quartiers de poivrons : n'hésitez pas à les utiliser dans cette recette. Le tofu fait aussi des merveilles en tempura.

Préparation : **30 minutes** • Cuisson : **12 minutes** • Quantité : **4 portions**

Saumon aux épices et nouilles aux légumes

4 filets de saumon de 180 g
(environ ⅓ de lb) chacun,
la peau enlevée
.....
15 ml (1 c. à soupe) de beurre
.....
30 ml (2 c. à soupe) d'huile d'olive

POUR LE SAUTÉ DE NOUILLES :
1 boîte de nouilles de riz
pour sauté de 198 g
.....
15 ml (1 c. à soupe)
d'huile de sésame (non grillé)
.....
1 oignon rouge émincé
.....
20 pois mange-tout
coupés en deux
.....

1 poivron jaune émincé
.....
30 ml (2 c. à soupe)
de feuilles de coriandre

POUR LA CROÛTE D'ÉPICES :
5 ml (1 c. à thé)
de graines de coriandre
.....
5 ml (1 c. à thé)
de graines de cumin
.....
5 ml (1 c. à thé)
de graines de moutarde
.....
30 ml (2 c. à soupe)
de cassonade
.....
15 ml (1 c. à soupe)
de graines de sésame
.....

5 ml (1 c. à thé) de fleur de sel
.....
2,5 ml (½ c. à thé) de poivre noir

POUR LA SAUCE THAÏ :
60 ml (¼ de tasse)
de sauce douce aux piments
(de type A Taste of Thaï)
.....
45 ml (3 c. à soupe)
de sauce soya
.....
30 ml (2 c. à soupe)
de jus de lime
.....
15 ml (1 c. à soupe)
de sauce de poisson
.....
15 ml (1 c. à soupe)
de sucre
.....

1. Préchauffer le four à 205 °C (400 °F). **2.** Réhydrater les nouilles selon le mode de préparation indiqué sur l'emballage. Égoutter et réserver. **3.** Déposer les graines de coriandre, de cumin et de moutarde dans un sac hermétique et les écraser légèrement avec un rouleau à pâtisserie. Transférer dans un bol et mélanger avec la cassonade, les graines de sésame, la fleur de sel et le poivre. Saupoudrer le mélange d'épices sur les filets de saumon et presser légèrement afin que celui-ci adhère bien à la chair. **4.** Dans une poêle, faire fondre le beurre avec l'huile à feu moyen. Saisir les filets de saumon 1 minute de chaque côté, en prenant soin de ne pas laisser brûler la croûte d'épices. **5.** Déposer les filets sur une plaque de cuisson tapissée d'une feuille de papier parchemin. Cuire au four de 12 à 15 minutes, jusqu'à ce que le saumon soit cuit. **6.** Pendant ce temps, verser les ingrédients de la sauce dans une grande casserole. Porter à ébullition et réserver au chaud à feu doux. **7.** Dans une poêle, chauffer l'huile de sésame à feu moyen. Saisir l'oignon 1 minute. Ajouter les légumes et faire sauter 2 minutes. Ajouter les nouilles et chauffer 1 minute. **8.** Au moment de servir, répartir le sauté de nouilles et les filets de saumon dans les assiettes. Napper de sauce thaï.

J'aime parce que...

Ça parfume les aliments !

Quelques gouttes d'huile de sésame suffisent à parfumer nouilles, sautés, marinades et vinaigrettes. On retrouve également sur le marché de l'huile de sésame rôti (aussi appelée «huile de sésame grillé»), qui se distingue de sa cousine par sa teinte plus foncée et son goût plus prononcé. Il est préférable de l'incorporer en fin de cuisson puisqu'elle brûle facilement à chaleur intense.

Préparation : **15 minutes** • Marinage : **30 minutes** • Cuisson : **12 minutes** • Quantité : **4 portions**

Flétan grillé au four et sa marinade à la thaï

4 filets de flétan de 180 g
(environ ⅓ de lb) chacun et
de 2 cm (¾ de po) d'épaisseur

POUR LA MARINADE :

30 ml (2 c. à soupe)
de coriandre fraîche hachée

15 ml (1 c. à soupe)
de jus de lime

15 ml (1 c. à soupe)
de vinaigre de riz

15 ml (1 c. à soupe)
de sauce hoisin

15 ml (1 c. à soupe)
de sauce de poisson

15 ml (1 c. à soupe) de miel

10 ml (2 c. à thé) d'ail haché

10 ml (2 c. à thé) de zestes de lime

2,5 ml (¼ de c. à thé)
de piment fort haché

1. Dans un sac hermétique, mélanger tous les ingrédients de la marinade. Ajouter le flétan et secouer pour bien enrober. Réfrigérer 30 minutes.
2. Préchauffer le four à 220 °C (425 °F).
3. Égoutter les filets de flétan et jeter la marinade. Tapisser un plat de cuisson d'une feuille de papier d'aluminium et y déposer les filets.
4. Cuire au four de 10 à 12 minutes.
5. Régler le four à la position « gril » (*broil*) et faire griller 2 minutes.

J'aime avec...

Salade de radis daïkon aux pamplemousses roses

Dans un saladier, fouetter 60 ml (¼ de tasse) de lait de coco avec 45 ml (3 c. à soupe) de mayonnaise, 30 ml (2 c. à soupe) de miel, 15 ml (1 c. à soupe) de zestes de lime et 30 ml (2 c. à soupe) de jus de lime. Ajouter 500 ml (2 tasses) de daïkon coupé en julienne, les suprêmes de 2 pamplemousses roses et 2 oignons verts émincés. Saler, poivrer et remuer.

Préparation : **15 minutes** • Cuisson : **4 minutes** • Quantité : **4 portions**

Crevettes à la sichuanaise

POUR LA SAUCE :

80 ml (⅓ de tasse) de ketchup

60 ml (¼ de tasse)
de sauce au chili sucrée
(de type Thaï Kitchen)

45 ml (3 c. à soupe) de miel

30 ml (2 c. à soupe)
de sauce soya

30 ml (2 c. à soupe)
de vinaigre de riz

Piments forts au goût émincés

POUR LE SAUTÉ DE CREVETTES :

15 ml (1 c. à soupe)
d'huile de canola

10 ml (2 c. à thé) d'ail haché

15 ml (1 c. à soupe)
de gingembre haché

1 oignon émincé

450 g de crevettes
moyennes (31/40), crues
et décortiquées

1. Dans un bol, fouetter les ingrédients de la sauce. **2.** Dans un wok ou une poêle, chauffer l'huile à feu moyen. Saisir l'ail, le gingembre et l'oignon 1 minute. **3.** Ajouter les crevettes et faire sauter de 1 à 2 minute(s). **4.** Verser la sauce et prolonger la cuisson de 1 minute.

Le saviez-vous ?

Qu'est-ce que le vinaigre de riz ?

Ce vinaigre résulte de la fermentation de grains de riz. Cet incontournable de la cuisine asiatique se distingue par son goût doux et légèrement sucré. À essayer dans les marinades et les vinaigrettes asiatiques. On peut le remplacer par du vinaigre de cidre additionné d'un soupçon de sucre.

Préparation : **20 minutes** • Quantité : **4 portions**

Crevettes teriyaki sur nouilles de riz

375 g de nouilles de riz

POUR LA SAUCE :

250 ml (1 tasse)
de bouillon de légumes

125 ml (½ tasse)
de sauce teriyaki pour marinade

15 ml (1 c. à soupe)
de gingembre haché

15 ml (1 c. à soupe)
de fécule de maïs

10 ml (2 c. à thé)
de pâte de cari douce

5 ml (1 c. à thé) d'ail haché

**POUR LE SAUTÉ
DE CREVETTES :**

15 ml (1 c. à soupe)
d'huile de canola

24 crevettes moyennes (31/40),
crues et décortiquées

10 champignons émincés

1 boîte de châtaignes d'eau
tranchées de 227 ml,
égouttées

30 ml (2 c. à soupe)
de graines de sésame

2 oignons verts émincés

1. Préparer les nouilles selon le mode de préparation indiqué sur l'emballage. Égoutter. 2. Dans un bol, mélanger les ingrédients de la sauce. 3. Dans une poêle ou un wok, chauffer l'huile à feu moyen-élevé. Faire sauter les crevettes environ 2 minutes. Ajouter les champignons et les châtaignes d'eau. Faire revenir 2 minutes. 4. Verser la sauce et chauffer jusqu'aux premiers frémissements. 5. Au moment de servir, répartir les nouilles dans les assiettes. Garnir du sauté de crevettes. Parsemer de graines de sésame et d'oignons verts.

Le saviez-vous ?

Qu'est-ce que les nouilles et les vermicelles de riz ?

Faites à partir de farine de riz blanc, les nouilles de riz ont un goût neutre et ressemblent à des rubans. Elles sont offertes en différentes largeurs et épaisseurs; les plus fines conviennent bien aux soupes et aux salades, tandis que les plus larges sont parfaites pour le pad thaï et les sautés. Quant aux vermicelles, très fins et translucides, on les utilise dans les soupes, les sautés ou pour garnir les rouleaux de printemps. Contrairement aux pâtes italiennes, ces nouilles ne doivent pas être cuites sur le feu, mais simplement réhydratées dans de l'eau très chaude.

Préparation : **20 minutes** • Marinage : **15 minutes** • Cuisson : **5 minutes** • Quantité : **4 portions**

Salade asiatique
aux crevettes grillées

POUR LA SALADE :
.....
16 crevettes moyennes (31/40),
crues et décortiquées
.....
1 mangue
.....
1 concombre
.....
1 carotte
.....
4 à 6 feuilles de laitue
.....

15 ml (1 c. à soupe)
de graines de sésame grillées
.....
Sel au goût
.....
POUR LA SAUCE COCO-LIME :
.....
1 boîte de lait de coco
de 400 ml
.....
30 ml (2 c. à soupe)
d'huile d'arachide
.....

30 ml (2 c. à soupe)
de coriandre fraîche hachée
.....
15 ml (1 c. à soupe)
de jus de lime
.....
15 ml (1 c. à soupe)
de gingembre frais haché
.....
2 oignons verts émincés
.....
Piment fort haché au goût
.....

1. Dans un saladier, mélanger les ingrédients de la sauce coco-lime. 2. Verser la moitié de la sauce dans un sac hermétique. Ajouter les crevettes et laisser mariner au frais de 15 à 30 minutes. 3. Préchauffer le barbecue à puissance moyenne. 4. Émincer la mangue, le concombre, la carotte et la laitue. Déposer dans le saladier avec les graines de sésame. Saler, remuer et réserver. 5. Au moment de la cuisson, égoutter les crevettes et jeter la marinade. Sur la grille chaude et huilée, faire griller les crevettes de 1 à 2 minute(s) de chaque côté. 6. Répartir la salade dans les assiettes et garnir de crevettes. Napper du reste de la sauce coco-lime.

Préparation : **15 minutes** • Cuisson : **5 minutes** • Quantité : **4 portions**

Cari au lait de coco et crevettes

15 ml (1 c. à soupe)
d'huile de canola
.....
1 oignon haché
.....
10 ml (2 c. à thé) d'ail haché
.....
Piment fort au goût
.....
10 ml (2 c. à thé) de cari
.....
2 tomates coupées en dés
.....
1 tige de thym
.....

250 ml (1 tasse)
de lait de coco
.....
125 ml (½ tasse)
de fumet de poisson
.....
1 banane coupée en dés
.....
Sel au goût
.....
28 à 32 crevettes
moyennes (31/40), crues
et décortiquées
.....

1. Dans une casserole, chauffer l'huile à feu moyen. Faire revenir l'oignon et l'ail. **2.** Ajouter le piment, le cari, les tomates, le thym, le lait de coco, le fumet de poisson et les dés de banane. Saler. Chauffer jusqu'à ce que le liquide ait réduit du quart. **3.** Ajouter les crevettes. Couvrir et cuire 5 minutes.

Préparation : **10 minutes** • Marinage : **30 minutes** • Quantité : **4 portions**

Saumon à la cantonaise

4 filets de saumon
·····
30 ml (2 c. à soupe)
de vinaigre de riz
·····
15 ml (1 c. à soupe)
d'huile de sésame
(non grillé)
·····

30 ml (2 c. à soupe)
de sauce soya
·····
15 ml (1 c. à soupe)
de gingembre haché
·····
30 ml (2 c. à soupe)
d'huile de canola
·····

1. Déposer le poisson dans un plat.
Arroser avec le vinaigre de riz,
l'huile de sésame et la sauce soya.
Parsemer de gingembre haché.
Retourner les filets pour bien les
enrober de marinade. Couvrir et
laisser mariner au frais 30 minutes.
2. Égoutter le poisson. Dans une
poêle, chauffer l'huile à feu vif.
Saisir les filets puis compléter
la cuisson à feu moyen.

Préparation : **15 minutes** • Cuisson : **5 minutes** • Quantité : **4 portions**

Fruits de mer à l'indonésienne

1 paquet de nouilles
chinoises de 350 g

POUR LA SAUCE :
.....
½ boîte de lait
de coco de 400 ml
.....
250 ml (1 tasse) de bouillon
de poulet ou de légumes
.....

60 ml (¼ de tasse)
de beurre d'arachide croquant
.....
45 ml (3 c. à soupe)
de tamari ou de sauce soya
.....
15 ml (1 c. à soupe)
de jus de lime
.....
15 ml (1 c. à soupe)
d'huile de sésame
.....

POUR LES FRUITS DE MER :
.....
15 ml (1 c. à soupe)
d'huile de canola
.....
12 crevettes moyennes (31/40),
crues et décortiquées
.....
12 pétoncles moyens
.....
1 poivron rouge émincé
.....

1. Cuire les nouilles selon le mode de préparation indiqué sur l'emballage. Égoutter. **2.** Pendant ce temps, verser les ingrédients de la sauce dans une casserole. Fouetter pour bien mélanger les ingrédients. Porter à ébullition en fouettant. Retirer du feu et réserver.

3. Dans une grande poêle ou un wok, chauffer l'huile à feu moyen-élevé. Faire sauter les crevettes avec les pétoncles et le poivron de 1 à 2 minute(s). **4.** Incorporer les pâtes et la sauce. Chauffer de 3 à 4 minutes.

Préparation : **20 minutes** • Cuisson : **8 minutes** • Quantité : **4 portions**

Saumon grillé à l'orientale

450 g (1 lb) de filets
de saumon
·····
½ papaye verte
·····
1 courgette
·····
2 carottes
·····
30 ml (2 c. à soupe)
de menthe fraîche émincée
·····
15 ml (1 c. à soupe)
de ciboulette fraîche hachée
·····

**POUR LA VINAIGRETTE
AU SÉSAME :**
60 ml (¼ de tasse) de lait de coco
·····
20 ml (4 c. à thé) d'huile de sésame
·····
15 ml (1 c. à soupe)
de vinaigre de riz
·····
15 ml (1 c. à soupe) de miel
·····
15 ml (1 c. à soupe)
d'oignon vert émincé
·····

15 ml (1 c. à soupe)
de graines de sésame
·····
15 ml (1 c. à soupe)
de noix de cajou hachées
·····
10 ml (2 c. à thé)
de poudre de cari
·····
5 ml (1 c. à thé)
de gingembre haché
·····
5 ml (1 c. à thé) d'ail haché
·····

1. Préchauffer le four à la position
« gril » (*broil*). Déposer les filets de
saumon sur une plaque de cuisson
tapissée d'une feuille de papier
parchemin. Faire griller au four de 8 à
10 minutes. **2.** Pendant ce temps, tailler
la papaye, la courgette et les carottes
en fine julienne. Déposer les légumes
dans un grand bol avec la menthe et
la ciboulette. Mélanger. **3.** Préparer la
vinaigrette en mélangeant ensemble tous
les ingrédients. **4.** Émietter le saumon.
5. Au moment de servir, répartir la
salade dans des bols. Garnir chacune
des portions de saumon émietté et
napper de vinaigrette.

Préparation : **10 minutes** • Cuisson : **10 minutes** • Quantité : **4 portions**

Filets de saumon, sauce teriyaki à l'orange

15 ml (1 c. à soupe) d'huile
de sésame (non grillé)
.....
4 filets de saumon de 180 g
(environ ⅓ de lb) chacun,
la peau enlevée
.....

POUR LA SAUCE :
60 ml (¼ de tasse)
de sauce teriyaki
.....
15 ml (1 c. à soupe) de miel
.....
15 ml (1 c. à soupe)
de gingembre haché
.....

5 ml (1 c. à thé) d'ail haché
.....
180 ml (¾ de tasse)
de jus d'orange
.....
Sel et poivre au goût
.....
10 ml (2 c. à thé)
de fécule de maïs
.....

1. Dans une casserole, porter à ébullition la sauce teriyaki avec le miel, le gingembre, l'ail, le jus d'orange et l'assaisonnement.

2. Délayer la fécule de maïs dans un peu d'eau et ajouter à la sauce. Fouetter jusqu'à épaississement et réserver à feu doux. 3. Dans une

poêle, chauffer l'huile à feu moyen. Cuire les filets de saumon de 2 à 3 minutes de chaque côté. Servir avec la sauce.

J'aime avec...

Salade d'agrumes et asperges

Cuire 24 asperges dans l'eau bouillante salée de 2 à 3 minutes. Prélever les suprêmes de 2 oranges et de 2 pample-mousses. Mélanger 60 ml (¼ de tasse) d'huile d'olive avec 15 ml (1 c. à soupe) de moutarde à l'ancienne, 30 ml (2 c. à soupe) de ciboulette hachée et 10 ml (2 c. à thé) de graines de sésame rôties. Ajouter les asperges coupées en morceaux et les suprêmes. Saler, poivrer et remuer.

Légumes à (re)découvrir

Même les carnivores invétérés

seront conquis par ces légumes

aux notes orientales. Les saveurs

complexes et gourmandes

de la cuisine asiatique mettent

en valeur ces champions vitaminés

autant dans les salades que

dans les sautés. Que du bon,

pour la santé et pour le palais !

Préparation : **25 minutes** • Réfrigération : **30 minutes** • Cuisson : **10 minutes** • Quantité : **4 portions**

Méli-mélo à l'asiatique sur nids croquants

POUR LA VINAIGRETTE :
.....
180 ml (¾ de tasse) de vinaigrette
japonaise (de type Wafu)
.....
45 ml (3 c. à soupe) de jus d'orange
.....
30 ml (2 c. à soupe)
de menthe fraîche hachée
.....
15 ml (1 c. à soupe)
de ciboulette fraîche hachée
.....
15 ml (1 c. à soupe)
de graines de sésame rôties
.....
5 ml (1 c. à thé)
de gingembre haché
.....
Sel et poivre au goût
.....

POUR LA SALADE :
.....
250 ml (1 tasse)
d'ananas coupé en dés
.....
1 poire japonaise
.....
30 ml (2 c. à soupe)
de jus de lime
.....
1 paquet de champignons
enoki de 100 g
.....
12 pois mange-tout
.....
3 carottes coupées
en fine julienne
.....

POUR LES NIDS CROQUANTS :
.....
1 litre (4 tasses) de nouilles
frites à la vapeur
(*steam fried noodles*)
.....
2 blancs d'œufs battus
.....
2,5 ml (½ c. à thé)
de poudre de cari
.....

1. Dans un bol, fouetter ensemble les ingrédients de la vinaigrette.
2. Émincer les poires. Déposer dans un saladier avec les dés d'ananas et le jus de lime. Remuer. Ajouter le reste des ingrédients de la salade. Verser la vinaigrette et remuer. Réserver au frais 30 minutes. **3.** Préchauffer le four à 180 °C (350 °F). **4.** Préparer les nids en mélangeant tous les ingrédients ensemble. Répartir les nouilles dans quatre alvéoles d'un moule à muffins antiadhésif. Presser afin de façonner des nids. Cuire au four de 8 à 10 minutes. Démouler et laisser refroidir sur une grille.
5. Garnir les nids de salade et servir immédiatement.

J'aime parce que...
Ça forme de jolis petits nids !

Les nouilles frites à la vapeur (*steam fried noodles* en anglais) sont de fines nouilles aux œufs qui ajoutent une note croquante aux plats. Vous pouvez en faire de petits nids, comme dans cette recette. Vous pouvez en parsemer vos sautés, mais attendez au dernier moment, car elles ramollissent après un trop long contact avec la sauce. Si vous les préférez tendres, réhydratez-les dans l'eau bouillante de 2 à 3 minutes. Ces nouilles se dénichent facilement au supermarché.

Préparation : **15 minutes** • Quantité : **4 portions**

Épinards à l'asiatique

POUR LA VINAIGRETTE :

80 ml (⅓ de tasse)
d'huile de sésame (non grillé)
.....
60 ml (¼ de tasse) de jus d'orange
.....
30 ml (2 c. à soupe) de tamari
ou de sauce soya
.....
30 ml (2 c. à soupe) de miel
.....
15 ml (1 c. à soupe)
de gingembre haché
.....
Sel et poivre au goût
.....

POUR LA SALADE :

750 ml (3 tasses)
de bébés épinards
.....
250 ml (1 tasse)
de fèves germées
.....
80 ml (⅓ de tasse)
de canneberges séchées
.....
80 ml (⅓ de tasse)
de noix de cajou grillées
.....
1 poivron rouge émincé
.....

1. Dans un saladier, fouetter ensemble tous les ingrédients de la vinaigrette. 2. Ajouter les ingrédients de la salade et remuer.

Préparation : **15 minutes** • Cuisson : **10 minutes** • Quantité : **4 portions**

Mélange de légumes aigres-doux

POUR LA SAUCE :

250 ml (1 tasse) de jus d'orange

30 ml (2 c. à soupe) de sucre

15 ml (1 c. à soupe) de vinaigre de riz

15 ml (1 c. à soupe) de sauce soya ou de tamari

15 ml (1 c. à soupe) de sauce aux huîtres

10 ml (2 c. à the) de fécule de maïs

10 ml (2 c. à thé) de gingembre haché

5 ml (1 c. à thé) d'ail haché

POUR LES LÉGUMES :

1 oignon

1 carotte

1 poivron rouge

6 champignons shiitake

½ chou chinois

½ brocoli

30 ml (2 c. à soupe) d'huile de canola

20 pois mange-tout

1 boîte de châtaignes d'eau de 199 ml, égouttées

1 boîte de maïs miniatures de 284 ml, égouttés

Sel au goût

1. Dans un bol, mélanger tous les ingrédients de la sauce et réserver. 2. Émincer l'oignon, la carotte, le poivron, les shiitakes et le chou chinois. Couper le brocoli en petits bouquets. 3. Dans un wok ou une grande poêle, chauffer l'huile à feu moyen. Faire dorer l'oignon. Ajouter le reste des légumes et cuire de 3 à 4 minutes, en prenant soin de conserver les légumes croquants. 4. Incorporer la sauce. Porter à ébullition en remuant continuellement. Saler et servir.

Préparation : **10 minutes** • Quantité : **4 portions**

Chop suey

30 ml (2 c. à soupe)
d'huile de canola
.....
1 oignon émincé
.....
250 ml (1 tasse) de brocoli
taillé en petits bouquets
.....
2 branches de céleri émincées
.....
20 pois mange-tout
.....
1 casseau de champignons
coupés en quatre
.....

250 ml (1 tasse) de pousses
de bambou émincées
.....
250 ml (1 tasse) de fèves germées
.....
1 poivron rouge émincé
.....
30 ml (2 c. à soupe)
de sauce aux huîtres
.....
15 ml (1 c. à soupe)
de tamari
.....
Sel et piment au goût
.....

1. Dans un wok, chauffer l'huile
à feu moyen-élevé. Faire dorer
l'oignon. **2.** Ajouter le brocoli et
le céleri. Cuire de 1 à 2 minute(s).
3. Ajouter les autres ingrédients en
faisant sauter les légumes quelques
minutes. Assaisonner au goût.

Préparation : **20 minutes** • Réfrigération : **30 minutes** • Quantité : **4 portions**

Salade à la vietnamienne aux oignons frits

POUR LA VINAIGRETTE :

30 ml (2 c. à soupe)
d'huile d'arachide

30 ml (2 c. à soupe) de jus de citron

30 ml (2 c. à soupe) de cassonade

15 ml (1 c. à soupe)
de sauce de poisson

5 ml (1 c. à thé) d'ail haché

Piment fort haché au goût

POUR LA SALADE :

225 g de vermicelles de riz

1 concombre

1 carotte

1 mangue

¼ de papaye verte

125 ml (½ tasse) d'arachides rôties

30 ml (2 c. à soupe)
de menthe fraîche hachée

15 ml (1 c. à soupe)
de ciboulette fraîche hachée

Sel au goût

1 oignon

125 ml (½ tasse)
de farine

250 ml (1 tasse)
d'huile de canola

1. Faire tremper les vermicelles selon le mode de préparation indiqué sur l'emballage. Rincer sous l'eau froide, égoutter et réserver.
2. Dans un saladier, mélanger tous les ingrédients de la vinaigrette.
3. Couper le concombre, la carotte, la mangue et la papaye en fine julienne. Déposer dans le saladier.
4. Incorporer les arachides, la menthe, la ciboulette, les vermicelles et l'assaisonnement. Réserver 30 minutes au frais.
5. Émincer l'oignon finement. Dans un grand bol, verser la farine. Ajouter l'oignon et enrober de farine. Secouer pour enlever l'excédent.
6. Dans une poêle, chauffer l'huile à feu moyen-élevé et faire dorer l'oignon. Égoutter sur du papier absorbant.
7. Au moment de servir, répartir la salade dans les assiettes et parsemer d'oignons frits.

Salade d'épinards à la thaï
Préparation : **20 minutes**
Quantité : **4 portions**

POUR LA VINAIGRETTE AU SÉSAME : 60 ml
(¼ de tasse) de lait de coco • 20 ml (4 c. à thé) d'huile
de sésame • 15 ml (1 c. à soupe) de vinaigre de riz
• 15 ml (1 c. à soupe) de miel • 15 ml (1 c. à soupe)
d'oignon vert émincé • 15 ml (1 c. à soupe) de graines
de sésame • 15 ml (1 c. à soupe) de noix de cajou hachées
• 10 ml (2 c. à thé) de poudre de cari • 5 ml (1 c. à thé)
de gingembre haché • 5 ml (1 c. à thé) d'ail haché
POUR LA SALADE : • 1 contenant de bébés épinards
de 170 g • 250 ml (1 tasse) de fèves germées • 2 oignons
verts émincés • 125 ml (½ tasse) de radis daïkon
coupé en julienne • 125 ml (½ tasse) de carottes
coupées en julienne

1. Dans un saladier, fouetter ensemble les ingrédients
de la vinaigrette. 2. Ajouter les ingrédients de la salade
et mélanger.

Salade de courgettes au sésame
Préparation : **10 minutes**
Quantité : **4 portions**

60 ml (¼ de tasse) d'huile d'olive • 15 ml (1 c. à
soupe) de jus de citron • 15 ml (1 c. à soupe) de zestes
de citron • 30 ml (2 c. à soupe) de coriandre fraîche
hachée • 30 ml (2 c. à soupe) de graines de sésame
grillées • Sel et poivre au goût • 2 grosses courgettes
• 1 carotte

1. Dans un saladier, mélanger l'huile avec le jus de
citron, les zestes de citron, la coriandre, les graines de
sésame et l'assaisonnement. 2. Couper les courgettes et
la carotte en fine julienne. 3. Ajouter dans le saladier
et remuer.

Sauté d'asperges à l'asiatique

Préparation : **15 minutes**
Quantité : **4 portions**

15 ml (1 c. à soupe) de miel • 30 ml (2 c. à soupe) de vinaigre de riz • 15 ml (1 c. à soupe) de zestes d'orange • 30 ml (2 c. à soupe) de tamari ou de sauce soya • 30 ml (2 c. à soupe) d'huile de sésame (non grillé) • 1 oignon émincé • 8 champignons shiitake émincés • 10 ml (2 c. à thé) d'ail haché • 15 ml (1 c. à soupe) de gingembre haché • 1 poivron rouge émincé • 16 grosses asperges, coupées en morceaux

1. Dans un bol, fouetter le miel avec le vinaigre, les zestes et le tamari. **2.** Dans une poêle ou un wok, chauffer l'huile à feu moyen. Faire dorer l'oignon et les shiitakes de 1 à 2 minute(s). **3.** Ajouter l'ail, le gingembre, le poivron et les asperges. Cuire 3 minutes en remuant de temps en temps. **4.** Verser la préparation liquide et cuire 1 minute.

Poivrons poêlés à l'asiatique

Préparation : **15 minutes**
Quantité : **4 portions**

1 poivron orange • 2 poivrons rouges • 1 poivron vert • 1 oignon rouge • 6 champignons shiitake • 15 ml (1 c. à soupe) d'huile de canola • 2 gousses d'ail émincées • 30 ml (2 c. à soupe) de miel • 30 ml (2 c. à soupe) de sauce soya • 15 ml (1 c. à soupe) de gingembre haché • Sel et poivre au goût • 2 oignons verts émincés

1. Tailler les poivrons en cubes. Émincer l'oignon et les shiitakes. **2.** Dans une poêle, chauffer l'huile à feu moyen. Saisir l'oignon et l'ail de 1 à 2 minute(s). **3.** Ajouter le miel, la sauce soya, le gingembre et les poivrons. Poêler les légumes 2 minutes en remuant de temps en temps. Assaisonner. **4.** Au moment de servir, parsemer d'oignons verts.

Et que ça saute !

Poulet, bœuf, porc, crevettes

ou tofu saisi dans le wok

puis accompagné de légumes

croquants rehaussés de piment,

de cari, d'ail, de teriyaki,

de lime: le sauté, c'est l'essence

de la cuisine asiatique concentrée

dans un seul mets !

Préparation : **20 minutes** • Cuisson : **5 minutes** • Quantité : **4 portions**

Sauté de poulet au miel et cinq épices

1 oignon

1 carotte

1 poivron rouge

5 champignons

½ brocoli

3 poitrines de poulet, la peau enlevée

30 ml (2 c. à soupe) d'huile de canola

15 ml (1 c. à soupe) d'ail haché

30 ml (2 c. à soupe) de graines de sésame

POUR LA SAUCE :

250 ml (1 tasse) de bouillon de poulet

30 ml (2 c. à soupe) de sauce soya

30 ml (2 c. à soupe) de sauce aux huîtres

30 ml (2 c. à soupe) de miel

10 ml (2 c. à thé) de fécule de maïs

5 ml (1 c. à thé) de mélange chinois cinq épices

1. Émincer l'oignon, la carotte, le poivron rouge et les champignons. Couper le brocoli en petits bouquets. Réserver les légumes dans un bol. Tailler les poitrines en cubes. 2. Dans un bol, mélanger les ingrédients de la sauce. 3. Dans une poêle ou un wok, chauffer l'huile à feu moyen. Cuire l'ail et les légumes de 3 à 4 minutes. Transférer dans une assiette et réserver. 4. Dans la même poêle, faire dorer les cubes de poulet 1 minute de chaque côté, en procédant par petites quantités. Transférer les cubes dans une assiette au fur et à mesure qu'ils sont cuits et réserver. 5. Remettre les légumes et la viande dans la poêle. Verser la sauce et chauffer jusqu'aux premiers frémissements. 6. Au moment de servir, parsemer de graines de sésame.

Le saviez-vous ?

Qu'est-ce que le mélange chinois cinq épices ?

Le mélange chinois cinq épices contient en parts égales de l'anis étoilé, du poivre du Sichuan, du fenouil, des clous de girofle et de la cannelle. Il est vendu au rayon des épices de la plupart des supermarchés. En Chine, on le mêle souvent à de la sauce soya dans les recettes traditionnelles de poulet.

Préparation : **20 minutes** • Cuisson : **5 minutes** • Quantité : **4 portions**

Sauté de poulet teriyaki sur nouilles aux œufs

340 g de nouilles aux œufs
.....
30 ml (2 c. à soupe)
d'huile de canola
.....
3 poitrines de poulet,
la peau enlevée et émincées
.....
10 ml (2 c. à thé)
de gingembre haché
.....
5 ml (1 c. à thé) d'ail haché
.....
30 ml (2 c. à soupe) de miel
.....

2 carottes coupées
en biseau
.....
20 pois mange-tout
.....
125 ml (½ tasse)
de marinade teriyaki
.....
250 ml (1 tasse)
de bouillon de poulet
.....
15 ml (1 c. à soupe)
de fécule de maïs
.....

1. Cuire les nouilles selon le mode de préparation indiqué sur l'emballage. Égoutter et réserver au chaud. **2.** Dans une poêle, chauffer l'huile à feu moyen-élevé. Faire dorer le poulet émincé de 2 à 3 minutes. **3.** Ajouter le gingembre, l'ail, le miel et les légumes. Cuire 1 minute. **4.** Dans un bol, mélanger la marinade teriyaki avec le bouillon et la fécule de maïs. Verser dans la poêle et remuer jusqu'à ébullition. **5.** Diminuer l'intensité du feu et laisser mijoter de 3 à 4 minutes à feu doux. Servir avec les nouilles.

J'aime parce que ...

C'est si bon un sauté teriyaki !

La sauce teriyaki (ou sauce soya sucrée) est idéale pour faire sauter, badigeonner ou pour mariner. Pour la préparer vous-même, mélangez de la sauce soya avec de la cassonade ou du miel liquide.

Préparation : **20 minutes** • Cuisson : **5 minutes** • Quantité : **4 portions**

Pad thaï aux crevettes

1 boîte de nouilles de riz
pour sauté de 198 g

30 ml (2 c. à soupe)
d'huile de canola

16 crevettes moyennes
(21/25), crues
et décortiquées

1 oignon émincé

10 pois mange-tout émincés

½ poivron rouge
coupé en dés

80 ml (⅓ de tasse)
d'arachides

250 ml (1 tasse)
de fèves germées

2 oignons verts émincés

30 ml (2 c. à soupe)
de coriandre fraîche hachée

POUR LA SAUCE :

60 ml (¼ de tasse)
de sauce douce aux piments
(de type A Taste of Thaï)

45 ml (3 c. à soupe) de sauce soya

30 ml (2 c. à soupe) de jus de lime

15 ml (1 c. à soupe)
de sauce de poisson

15 ml (1 c. à soupe) de sucre

1. Dans un bol, mélanger les ingrédients de la sauce. **2.** Réhydrater les nouilles selon le mode de préparation indiqué sur l'emballage. **3.** Dans une grande poêle ou un wok, chauffer l'huile à feu moyen-élevé. Saisir les crevettes et l'oignon 2 minutes. **4.** Ajouter la sauce et cuire 1 minute. **5.** Incorporer les nouilles égouttées, les pois mange-tout, le poivron et les arachides. Faire sauter de 2 à 3 minutes. Ajouter les fèves germées, l'oignon vert et la coriandre.

Le saviez-vous ?

Qu'est-ce qu'un pad thai ?

Plat typique de la cuisine thaïlandaise, préparé à base de nouilles de riz, le pad thaï est généralement garni de jus de lime, d'arachides, de fèves germées et d'œufs brouillés. Ce plat se prête facilement à bons nombres de variations, comme en témoigne notre version sans œufs brouillés et agrémentée de pois mange-tout émincés. Poulet, porc, crevettes ou tofu : jouez de votre inspiration pour concocter votre propre recette.

Préparation : **15 minutes** • Quantité : **4 portions**

Sauté à l'asiatique

POUR LA SAUCE :
500 ml (2 tasses)
de bouillon de poulet

60 ml (¼ de tasse)
de tamari ou de sauce soya

30 ml (2 c. à soupe) de miel

15 ml (1 c. à soupe)
de gingembre haché

10 ml (2 c. à thé)
d'ail haché

POUR LE SAUTÉ :
30 ml (2 c. à soupe)
d'huile de sésame (non grillé)

450 g (1 lb)
de lanières de porc

2 oignons émincés

1 sac de mélange
de légumes à l'asiatique
surgelés de 500 g

30 ml (2 c. à soupe)
de fécule de maïs

Sel et poivre au goût

60 ml (¼ de tasse)
d'arachides rôties et hachées

1. Dans un bol, fouetter le bouillon avec le tamari, le miel, le gingembre et l'ail. **2.** Dans un wok ou une poêle, chauffer l'huile à feu moyen-élevé. Faire sauter les lanières de porc avec les oignons. **3.** Ajouter les légumes surgelés. Cuire 5 minutes en remuant de temps à autre.
4. Verser la sauce dans le wok, en prenant soin d'en réserver 15 ml (1 c. à soupe). Porter à ébullition et assaisonner. **5.** Dans un bol, délayer la fécule dans la sauce réservée. Incorporer au mélange contenu dans le wok en fouettant. Chauffer jusqu'aux premiers bouillons, jusqu'à épaississement de la sauce. **6.** Au moment de servir, parsemer d'arachides rôties.

Préparation : **15 minutes** • Cuisson : **4 minutes** • Quantité : **4 portions**

Sauté de bœuf et brocoli

1 brocoli coupé en petits bouquets
.....
30 ml (2 c. à soupe)
d'huile de sésame (non grillé)
.....
450 g (1 lb) de lanières de bœuf
.....
1 oignon émincé
.....
1 poivron orange
coupé en morceaux
.....
5 ml (1 c. à thé) d'ail haché
.....

15 ml (1 c. à soupe)
de gingembre haché
.....
180 ml (¾ de tasse)
de bouillon de bœuf
.....
180 ml (¾ de tasse)
de sauce pour sauté
.....
15 ml (1 c. à soupe)
de graines de sésame
.....

1. Dans une casserole d'eau bouillante salée, faire blanchir les brocolis 2 minutes. Égoutter. **2.** Dans un poêlon, chauffer l'huile à feu moyen-élevé. Saisir les lanières de bœuf de 2 à 3 minutes. **3.** Ajouter l'oignon, le poivron, l'ail et le gingembre. Cuire de 1 à 2 minute(s). **4.** Ajouter le bouillon, la sauce et les brocolis. Porter à ébullition. **5.** Au moment de servir, parsemer de graines de sésame.

Préparation : **15 minutes** • Cuisson : **5 minutes** • Quantité : **4 portions**

Sauté de crevettes, sauce coco-citronnelle

30 ml (2 c. à soupe)
d'huile de canola
.....
2,5 ml (½ c. à thé) de curcuma
.....
1 oignon émincé
.....
1 poivron rouge ou jaune émincé
.....

10 ml (2 c. à thé) d'ail haché
.....
340 g de crevettes moyennes
(31/40), crues et décortiquées
.....
15 ml (1 c. à soupe) de pâte
de cari douce (de type Patak's)
.....

1 boîte de lait de coco
de 400 ml
.....
2 bâtons de citronnelle
fendus en deux sur la longueur
.....
2 oignons verts émincés
.....

1. Dans une poêle, chauffer l'huile et le curcuma à feu moyen. Cuire l'oignon, le poivron et l'ail de 2 à 3 minutes. Transférer dans une assiette et réserver. **2.** Dans la même poêle, saisir les crevettes 3 minutes, en procédant par petites quantités. Transférer les crevettes dans une assiette au fur et à mesure qu'elles sont cuites et réserver. **3.** Remettre les légumes et les crevettes dans la poêle. Ajouter la pâte de cari, le lait de coco et la citronnelle. Porter à ébullition. Cuire de 2 à 3 minutes. **4.** Retirer les bâtons de citronnelle. Parsemer chacune des portions d'oignons verts.

Préparation : **20 minutes** • Cuisson : **6 minutes** • Quantité : **4 portions**

Sauté de poulet à la mangue et poire asiatique

30 ml (2 c. à soupe)
d'huile de sésame (non grillé)
.....
3 poitrines de poulet, la peau
enlevée et coupées en cubes
.....
15 ml (1 c. à soupe)
de gingembre haché
.....
10 ml (2 c. à thé) d'ail haché
.....

1 oignon haché
.....
1 poire asiatique
coupée en quartiers
.....
1 mangue coupée en dés
.....
45 ml (3 c. à soupe) de miel
.....
30 ml (2 c. à soupe)
de sauce soya
.....

500 ml (2 tasses)
de bouillon de poulet
.....
5 ml (1 c. à thé) de mélange
chinois cinq épices
.....
15 ml (1 c. à soupe)
de fécule de maïs
.....

1. Dans un poêlon ou un wok, chauffer l'huile à feu moyen-élevé. Faire dorer les cubes de poulet de 2 à 3 minutes. 2. Ajouter le gingembre, l'ail, l'oignon, les fruits et le miel. Remuer et laisser caraméliser 1 minute à feu moyen. 3. Incorporer la sauce soya, le bouillon et le mélange chinois cinq épices. Chauffer jusqu'aux premiers frémissements. 4. Laisser mijoter à découvert et à feu moyen de 6 à 7 minutes. 5. Délayer la fécule de maïs dans un peu d'eau froide et verser dans le poêlon. Remuer jusqu'à épaississement.

Préparation : **15 minutes** • Cuisson : **4 minutes** • Quantité : **4 portions**

Sauté de crevettes et ananas à la thaï

1 boîte d'ananas en gros
morceaux de 398 ml, avec le jus
.....
30 ml (2 c. à soupe)
de sauce soya
.....
80 ml (⅓ de tasse)
de sauce douce aux piments
.....
10 ml (2 c. à thé)
de fécule de maïs
.....

15 ml (1 c. à soupe)
d'huile de canola
.....
350 g de crevettes
(31/40), crues et décortiquées
.....
1 poivron rouge émincé
.....
1 oignon émincé
.....
5 ml (1 c. à thé)
d'ail haché
.....

1. Égoutter les morceaux d'ananas au-dessus d'un bol en prenant soin de réserver 125 ml (½ tasse) de jus contenu dans la boîte. **2.** Dans le bol, mélanger le jus d'ananas avec la sauce soya, la sauce aux piments et la fécule de maïs. **3.** Dans une poêle ou un wok, chauffer l'huile à feu moyen-élevé. Saisir les crevettes de 1 à 2 minute(s). Transférer les crevettes dans une assiette et réserver. **4.** Dans la même poêle, cuire l'oignon avec l'ananas, le poivron et l'ail de 2 à 3 minutes. **5.** Verser la préparation au jus d'ananas et porter à ébullition. Ajouter les crevettes et réchauffer 1 minute.

Préparation : **15 minutes** • Cuisson : **5 minutes** • Quantité : **4 portions**

Sauté de porc et légumes à l'asiatique

250 ml (1 tasse)
de bouillon de poulet
.....
125 ml (½ tasse) de sauce
teriyaki pour marinade
.....
15 ml (1 c. à soupe)
de gingembre haché
.....

10 ml (2 c. à thé) de fécule de maïs
.....
30 ml (2 c. à soupe)
d'huile de canola
.....
450 g (1 lb) de lanières de porc
.....
1 sac de mélange de légumes
à l'asiatique surgelés de 750 g
.....

1. Dans un bol, fouetter le bouillon de poulet avec la sauce teriyaki, le gingembre et la fécule de maïs. **2.** Dans une poêle, chauffer l'huile à feu moyen-élevé. Faire dorer les lanières de porc 1 minute de chaque côté. **3.** Ajouter les légumes surgelés et cuire de 2 à 3 minutes. **4.** Verser la sauce et porter à ébullition.

Préparation : **20 minutes** • Cuisson : **15 minutes** • Quantité : **4 portions**

Sauté de bœuf à l'ananas

30 ml (2 c. à soupe)
de sauce soya ou de tamari
.....
15 ml (1 c. à soupe)
de gingembre haché
.....
5 ml (1 c. à thé) d'ail haché
.....
375 ml (1 ½ tasse)
de jus d'ananas
.....
Sel et poivre au goût
.....

15 ml (1 c. à soupe)
d'huile de sésame (non grillé)
.....
450 g (1 lb) de lanières de bœuf
ou de bifteck de ronde
coupé en lanières
.....
1 oignon haché
.....
30 ml (2 c. à soupe) de sucre
.....
60 ml (¼ de tasse)
de vinaigre de riz
.....

1 poivron rouge
coupé en cubes
.....
1 boîte de châtaignes
d'eau tranchées de 227 ml,
égouttées
.....
500 ml (2 tasses)
d'ananas en cubes
.....
30 ml (2 c. à soupe)
de fécule de maïs
.....

1. Dans un grand bol, mélanger la sauce soya avec le gingembre, l'ail et le jus d'ananas. Assaisonner.
2. Dans un wok ou une grande poêle, chauffer l'huile de sésame à feu moyen-élevé. Faire frire les lanières de bœuf 2 minutes.
3. Ajouter l'oignon et le sucre. Cuire de 2 à 3 minutes. **4.** Verser le vinaigre. Cuire 1 minute en remuant. Ajouter les légumes et l'ananas. Poursuivre la cuisson 2 minutes. **5.** Ajouter la préparation à la sauce soya et porter à ébullition. **6.** Délayer la fécule dans un peu d'eau froide et verser dans le wok. Laisser mijoter en remuant, jusqu'à épaississement de la sauce.

Préparation : **15 minutes** • Cuisson : **7 minutes** • Quantité : **4 portions**

Émincé de veau teriyaki aux légumes

60 ml (¼ de tasse) de farine
.....
4 escalopes de veau
taillées en lanières
.....
30 ml (2 c. à soupe)
d'huile de canola
.....
1 oignon émincé
.....
5 ml (1 c. à thé) d'ail haché
.....

1 carotte émincée
.....
250 ml (1 tasse)
de pois mange-tout
.....
125 ml (½ tasse) de sauce teriyaki
pour marinade
.....
125 ml (½ tasse)
de fèves germées
.....

1. Dans un sac hermétique, verser la farine. Ajouter les lanières de veau et remuer afin de bien fariner la viande. **2.** Dans une poêle, chauffer l'huile à feu moyen-élevé. Poêler les lanières 2 minutes de chaque côté, jusqu'à ce qu'elles soient dorées. Retirer de la poêle et réserver dans une assiette. **3.** Dans la poêle, saisir l'oignon et l'ail 1 minute. Ajouter la carotte, les pois mange-tout et la sauce teriyaki. Chauffer jusqu'aux premiers frémissements. **4.** Remettre les lanières de veau dans la poêle. Ajouter les fèves germées. Cuire de 2 à 3 minutes.

Riz et nouilles parfaits

Le riz et les nouilles sont
des incontournables de la cuisine
asiatique, des passages obligés
que l'on emprunte avec délice.
Qu'ils soient présentés en vedette
ou en accompagnement, ils sont
parfaits pour savourer chacune
des bouchées de ces plats
au bouillon parfumé
ou à la sauce relevée.

Préparation : **20 minutes** • Quantité : **4 portions**

Nouilles aux crevettes à la mode de Singapour

400 g de nouilles chinoises
instantanées
.....
30 ml (2 c. à soupe)
d'huile de sésame (non grillé)
.....
1 oignon émincé
.....
8 champignons blancs émincés
.....
16 pois mange-tout
.....
10 ml (2 c. à thé) d'ail haché
.....
15 ml (1 c. à soupe)
de gingembre haché
.....

5 ml (1 c. à thé)
de poudre de cari
.....
350 g de crevettes
moyennes (31/40),
cuites et décortiquées
.....
15 ml (1 c. à soupe) de miel
.....
45 ml (3 c. à soupe)
de sauce soya
.....
125 ml (½ tasse)
de bouillon de poulet
.....

1. Cuire les nouilles selon le mode de préparation indiqué sur l'emballage. 2. Dans une poêle ou un wok, chauffer l'huile à feu moyen. Saisir l'oignon avec les champignons et les pois mange-tout de 1 à 2 minute(s). Transférer les légumes dans une assiette. Réserver. 3. Dans la même poêle, saisir l'ail avec le gingembre, le cari et les crevettes de 1 à 2 minute(s). 4. Ajouter le miel, la sauce soya et le bouillon. Chauffer jusqu'aux premiers frémissements. Ajouter les nouilles et les légumes. Chauffer de 1 à 2 minute(s). 5. Au moment de servir, répartir la préparation dans quatre assiettes creuses. Si désiré, accompagner ce plat de rouleaux impériaux du commerce.

J'aime parce que...

C'est vite préparé !

Cette recette se prépare avec des nouilles chinoises instantanées, une solution idéale pour les soirs de semaine. Prêtes en 1 minute, elles se dénichent au rayon des produits asiatiques.

Préparation : **20 minutes** • Quantité : **4 portions**

Nouilles chinoises au poulet

1 paquet de nouilles chinoises
de 500 g
.....
4 champignons shiitake
.....
1 carotte
.....
1 branche de céleri
.....
1 oignon
.....
15 ml (1 c. à soupe)
d'huile de sésame (non grillé)
.....
20 pois mange-tout
.....
12 mini-bok choys
.....
60 ml (¼ de tasse)
de sauce soya
.....

60 ml (¼ de tasse)
de bouillon de poulet
.....
10 ml (2 c. à thé)
de gingembre haché
.....
15 ml (1 c. à soupe) de miel
.....
250 ml (1 tasse) de poulet
cuit coupé en dés
.....
1 oignon vert émincé
.....
15 ml (1 c. à soupe)
de coriandre fraîche hachée
.....
30 ml (2 c. à soupe)
de graines de sésame
.....

1. Cuire les nouilles selon le mode de préparation indiqué sur l'emballage. Égoutter. **2.** Pendant ce temps, émincer les champignons, la carotte, le céleri et l'oignon. **3.** Dans une poêle, chauffer l'huile à feu moyen-élevé. Faire sauter les légumes de 3 à 4 minutes. **4.** Dans une grande casserole, porter à ébullition la sauce soya, le bouillon de poulet, le gingembre et le miel. Ajouter les nouilles, le poulet et les légumes. Remuer et laisser chauffer quelques minutes. **5.** Au moment de servir, parsemer d'oignons verts, de coriandre et de graines de sésame.

J'aime parce que...
Ça fait changement des champignons blancs !

Très populaire dans la cuisine asiatique, le shiitake est un champignon à la peau brune et à la chaire blanche, légèrement acide. Cuit, sa texture s'apparente à celle des escargots, mais on peut également le manger cru, en salade. Très aromatique, il peut mijoter longtemps sans perdre sa saveur ; c'est pourquoi il est parfait pour les soupes. Le shiitake est aussi excellent en sauté ou dans un plat de riz. On le trouve frais dans le rayon des fruits et légumes des supermarchés ou encore déshydraté, ce qui permet de le conserver plus longtemps.

Préparation : **20 minutes** • Cuisson : **25 minutes** • Quantité : **4 portions**

Nasi goreng au poulet

250 ml (1 tasse) de riz basmati

30 ml (2 c. à soupe)
d'huile d'arachide

4 poitrines de poulet,
la peau enlevée
et coupées en dés

1 oignon haché

1 carotte coupée en dés

1 branche de céleri
coupée en dés

250 ml (1 tasse) de pois verts

2 œufs battus

10 ml (2 c. à thé) d'ail haché

10 ml (2 c. à thé)
de gingembre haché

½ boîte de lait de coco de 400 ml

30 ml (2 c. à soupe) de ketjap
manis ou de sauce soya

Sambal oelek au goût

1 oignon vert émincé

45 ml (3 c. à soupe)
d'arachides

1. Cuire le riz selon le mode de préparation indiqué sur l'emballage. Une fois le riz cuit, remuer avec une fourchette. 2. Dans un wok, chauffer l'huile à feu moyen-élevé. Faire revenir le poulet avec les légumes. Ajouter le riz, les œufs, l'ail et le gingembre. Cuire 2 minutes en remuant de temps en temps. 3. Incorporer le lait de coco, le ketjap manis et le sambal oelek. Laisser mijoter 5 minutes. 4. Ajouter l'oignon vert et les arachides. Cuire 2 minutes en remuant.

Le saviez-vous ?

Qu'est-ce qu'un nasi goreng ?

Dans son pays d'origine, l'Indonésie, *nasi goreng* désigne un riz frit que l'on rehausse de légumes et de quelques lamelles de poulet, mais les ingrédients varient selon les régions. Par exemple, on accompagne le nasi goreng de chips de crevettes à Bali, d'œufs frits sur l'île de Flores et d'oignons frits séchés à Bornéo.

Préparation : **15 minutes** • Quantité : **4 portions**

Riz cantonnais
aux crevettes

250 ml (1 tasse) de riz basmati
.....
30 ml (2 c. à soupe)
d'huile d'arachide
.....
5 ml (1 c. à thé) d'ail haché
.....
Piment fort haché, au goût
.....

500 ml (2 tasses)
de crevettes nordiques
.....
2 œufs battus
.....
250 ml (1 tasse)
de pois verts
.....

1 poivron rouge
coupé en dés
.....
2 oignons verts émincés
.....
30 ml (2 c. à soupe)
de graines de sésame
.....

1. Cuire le riz selon les indications de l'emballage. 2. Dans un grand bol, mélanger l'huile avec l'ail, le piment et les crevettes. Remuer pour bien enrober les crevettes. 3. Dans une poêle antiadhésive chaude, faire sauter les crevettes dans l'huile parfumée de 1 à 2 minute(s). 4. Ajouter les œufs battus et remuer rapidement afin que les œufs se séparent en petits morceaux. 5. Ajouter le riz cuit, les pois verts et les dés de poivron. Cuire de 2 à 3 minutes en remuant. Garnir d'oignons verts et de graines de sésame.

Préparation : **10 minutes** • Quantité : **4 portions**

Vermicelles de riz
au lait de coco

250 g de vermicelles de riz
.....
250 ml (1 tasse) de lait de coco
.....
10 ml (2 c. à thé) de curcuma
.....
10 ml (2 c. à thé)
de gingembre haché
.....
5 ml (1 c. à thé) d'ail haché
.....

5 ml (1 c. à thé) de pâte de cari
.....
1 carotte coupée en julienne
.....
6 champignons shiitake émincés
.....
30 ml (2 c. à soupe)
de champignons noirs
séchés et émincés
.....

15 ml (1 c. à soupe)
de ciboulette fraîche hachée
.....
15 ml (1 c. à soupe)
de basilic frais émincé
.....
Sel et poivre au goût
.....

1. Faire tremper les vermicelles dans l'eau chaude de 10 à 15 minutes, selon l'épaisseur, jusqu'à ce qu'ils soient tendres. Égoutter. **2.** Pendant ce temps, porter à ébullition le lait de coco avec le curcuma, le gingembre, l'ail et la pâte de cari dans une casserole. **3.** Ajouter les vermicelles, les légumes et les fines herbes. Assaisonner et cuire de 2 à 3 minutes en remuant.

Préparation : **20 minutes** • Quantité : **4 portions**

Nouilles chinoises irrésistibles

375 ml (1 ¼ tasse)
de nouilles chinoises
POUR LA SAUCE :
.....
250 ml (1 tasse)
de bouillon de poulet
.....
80 ml (⅓ de tasse) de sauce soya
.....
60 ml (¼ de tasse)
de sauce aux huîtres
.....
5 ml (1 c. à thé) de mélange
chinois cinq épices
.....

**POUR LE SAUTÉ
DE PORC ET LÉGUMES :**
30 ml (2 c. à soupe)
d'huile de sésame (non grillé)
.....
375 g (¾ de lb)
de lanières de porc
.....
2 poivrons rouges
.....
20 pois mange-tout
.....
1 oignon rouge
.....
4 champignons shiitake
.....

5 ml (1 c. à thé) d'ail haché
.....
10 ml (2 c. à thé)
de gingembre frais haché
.....
60 ml (¼ de tasse) de noix de cajou
.....
15 ml (1 c. à soupe)
de fécule de maïs
.....
2 oignons verts émincés
.....
15 ml (1 c. à soupe)
de graines de sésame grillées
.....
Piment fort haché au goût
.....

1. Cuire les nouilles selon les indications sur l'emballage. Égoutter. 2. Pendant ce temps, préparer la sauce en mélangeant tous les ingrédients. Émincer les légumes. 3. Dans un wok ou une grande poêle antiadhésive, chauffer l'huile de sésame à feu moyen. Faire sauter les lanières de porc jusqu'à ce qu'elles soient bien dorées. 4. Ajouter les légumes, l'ail, le gingembre et les noix de cajou. Cuire de 2 à 3 minutes en remuant constamment. Ajouter la sauce et porter à ébullition. 5. Délayer la fécule dans un peu d'eau froide. Verser dans le wok en fouettant. Cuire 1 minute. Incorporer les nouilles. 6. Au moment de servir, garnir d'oignons verts, de graines de sésame et de piment fort.

Préparation : **10 minutes** • Cuisson : **10 minutes** • Quantité : **4 portions**

Nouilles asiatiques à la truite

1 paquet de nouilles
chinoises de 450 g
.....
250 ml (1 tasse)
de bouillon de légumes
.....
125 ml (½ tasse)
de vinaigrette japonaise
(de type Wafu)
.....
1 sac de mini-toy choys de 170 g
.....
1 filet de truite saumonée
de 500 g (environ 1 lb)
.....

1. Cuire les nouilles dans
l'eau bouillante salée selon les
indications mentionnées sur
l'emballage. 2. Porter à ébullition
le bouillon de légumes avec la
vinaigrette japonaise. Ajouter les
mini-toy choys. Cuire 5 minutes
à feu moyen. 3. Couper le filet de
truite en lanières et déposer dans
le bouillon. Ajouter les nouilles
égouttées. Laisser mijoter 4 minutes
à feu moyen. 4. Si désiré, garnir
de coriandre hachée ou de graines
de sésame grillées.

Préparation : **25 minutes** • Quantité : **4 portions**

Riz aux crevettes à la thaï

250 ml (1 tasse) de riz basmati
.....
500 ml (2 tasses) d'eau froide
.....
30 ml (2 c. à soupe)
d'huile de canola
.....
1,25 ml (¼ de c. à thé)
de curcuma
.....
1 oignon émincé
.....
1 poivron rouge émincé
.....
10 ml (2 c. à thé)
d'ail haché
.....

20 crevettes moyennes
(31/40), crues et décortiquées
.....
125 ml (½ tasse) de lait de coco
.....
15 ml (1 c. à soupe) de pâte
de cari douce (de type Patak's)
ou de pâte de cari verte
(de type Thaï Kitchen)
.....
2 œufs battus
.....
30 ml (2 c. à soupe)
de basilic frais émincé (facultatif)
.....

1. Rincer le riz sous l'eau froide à l'aide d'une passoire fine jusqu'à ce que l'eau devienne claire. Déposer le riz dans une casserole et verser l'eau froide. Porter à ébullition à feu moyen. Couvrir et cuire à feu doux de 10 à 12 minutes, jusqu'à ce que le riz ait complètement absorbé le liquide. **2.** Dans un wok ou une poêle, chauffer 15 ml (1 c. à soupe) d'huile et le curcuma à feu moyen. Saisir l'oignon, le poivron et l'ail de 1 à 2 minute(s). **3.** Ajouter les crevettes, le lait de coco et la pâte de cari. Cuire de 2 à 3 minutes. Ajouter le riz. **4.** Faire un puits au centre de la préparation. Verser le reste de l'huile puis les œufs battus. Cuire 2 minutes puis remuer. **5.** Au moment de servir, parsemer de basilic.

Préparation : **10 minutes** • Quantité : **4 portions**

Riz cantonnais

3 œufs
.....
15 ml (1 c. à soupe)
de ciboulette fraîche hachée
.....
Sel et poivre au goût
.....
15 ml (1 c. à soupe)
d'huile de sésame (non grillé)
.....
250 ml (1 tasse) de pois verts
.....
3 oignons verts émincés
.....
500 ml (2 tasses) de riz cuit
.....

1. Battre les œufs avec la ciboulette et l'assaisonnement. **2.** Dans un wok, chauffer l'huile à feu moyen. Ajouter les œufs et remuer pour obtenir des œufs brouillés. **3.** Incorporer les pois verts et les oignons verts. Cuire de 2 à 3 minutes. **4.** Ajouter le riz et rectifier l'assaisonnement au besoin.

Préparation : **20 minutes** • Cuisson : **20 minutes** • Quantité : **4 portions**

Nouilles chinoises aux légumes

1 paquet de nouilles
chinoises de 450 g
.....
30 ml (2 c. à soupe)
d'huile de sésame (non grillé)
.....
1 oignon émincé
.....
15 ml (1 c. à soupe)
de gingembre haché
.....

10 ml (2 c. à thé) d'ail haché
.....
5 ml (1 c. à thé) de pâte de cari
jaune, verte ou rouge
.....
1 poivron rouge coupé en cubes
.....
1 poivron jaune coupé en cubes
.....
1 carotte émincée finement
.....
1 courgette émincée
.....

20 pois mange-tout
.....
125 ml (½ tasse)
de bouillon de légumes
.....
45 ml (3 c. à soupe)
de sauce soya ou de tamari
.....
30 ml (2 c. à soupe)
de sauce aux huîtres
.....

1. Cuire les nouilles selon le mode de préparation indiqué sur l'emballage. Égoutter. **2.** Dans une casserole à fond épais, chauffer l'huile à feu moyen. Faire revenir l'oignon et ajouter le gingembre, l'ail et la pâte de cari. Cuire 1 minute en remuant. **3.** Ajouter les poivrons, la carotte et la courgette. Cuire 2 minutes. **4.** Ajouter les pois mange-tout. Poursuivre la cuisson de 2 à 3 minutes. **5.** Ajouter le reste des ingrédients et chauffer 2 minutes.

Préparation : **15 minutes** • Cuisson : **15 minutes** • Quantité : **4 portions**

Nouilles udon aux crevettes et lait de coco

450 g de nouilles udon
.....
15 ml (1 c. à soupe)
d'huile de canola
.....
12 grosses crevettes
(21/25), crues et décortiquées
.....
1 boîte de lait de coco de 400 ml
.....
125 ml (½ tasse)
de fumet de poisson
.....
2 tiges de citronnelle,
parées et coupées en morceaux
.....

10 ml (2 c. à thé)
d'ail haché
.....
Sel au goût
.....
2 carottes émincées
.....
8 tomates cerises
coupées en deux
.....
2 oignons verts émincés
.....
15 ml (1 c. à soupe)
de gingembre haché
.....
Piment fort émincé au goût
.....

1. Cuire les nouilles selon le mode de préparation indiqué sur l'emballage. Égoutter. 2. Dans une grande poêle, chauffer l'huile à feu moyen. Faire dorer les crevettes. Égoutter sur du papier absorbant. 3. Dans une casserole, porter à ébullition le lait de coco avec le fumet, la citronnelle, l'ail et le sel. Laisser mijoter 10 minutes à feu doux. 4. Retirer les morceaux de citronnelle et ajouter le reste des ingrédients. Cuire 2 minutes.

Sauces savoureuses

Par leur variété, les saveurs d'Orient permettent de transformer un banal plat en vrai délice. Le lait de coco ou le soya se marient tantôt au gingembre, au cari ou aux arachides pour le plaisir renouvelé de nos papilles… Ici, vraiment, le secret est dans la sauce !

Lait de coco et cari

Préparation : **15 minutes**
Cuisson : **10 minutes**
Quantité : **430 ml (1 ¾ tasse)**

15 ml (1 c. à soupe) d'huile d'arachide • 45 ml (3 c. à soupe) d'échalotes sèches (françaises) hachées • 15 ml (1 c. à soupe) de farine • 15 ml (1 c. à soupe) de gingembre haché • 5 ml (1 c. à thé) d'ail haché • 15 ml (1 c. à soupe) de poudre de cari • 5 ml (1 c. à thé) de curcuma • 1 boîte de lait de coco de 400 ml • 125 ml (½ tasse) de bouillon de poulet • Sel et poivre au goût

1. Dans une casserole, chauffer l'huile à feu moyen. Faire revenir les échalotes de 1 à 2 minute(s). **2.** Ajouter la farine et remuer. Ajouter le gingembre, l'ail, le cari et le curcuma. Cuire de 1 à 2 minute(s). Verser le lait de coco et le bouillon de poulet. Laisser mijoter de 10 à 12 minutes à découvert à feu moyen jusqu'à ce que le liquide ait réduit du tiers. Assaisonner.

Sauce thaï relevée

Préparation : **10 minutes**
Cuisson : **8 minutes**
Quantité : **430 ml (1 ¾ tasse)**

30 ml (2 c. à soupe) d'huile de sésame (non grillé) • 1 oignon haché • ¼ d'ananas coupé en dés • 45 ml (3 c. à soupe) de vinaigre de riz • 125 ml (½ tasse) de sucre • 5 ml (1 c. à thé) de pâte de cari rouge • 125 ml (½ tasse) de sauce tomate • 15 ml (1 c. à soupe) d'ail haché • Sel au goût

1. Dans une casserole, chauffer l'huile à feu moyen. Faire revenir l'oignon 2 minutes. **2.** Ajouter l'ananas, le vinaigre et le sucre. Porter à ébullition. **3.** Ajouter le reste des ingrédients. Laisser mijoter à feu moyen de 8 à 10 minutes. Pour une consistance bien lisse, passer la sauce au mélangeur électrique.

Sauce nuoc cham

Préparation : **10 minutes**
Marinage : **2 heures**
Quantité : **310 ml (1 ¼ tasse)**

250 ml (1 tasse) d'eau • 45 ml (3 c. à soupe) de vinaigre de riz • 15 ml (1 c. à soupe) de sucre • 10 ml (2 c. à thé) d'ail haché • 10 ml (2 c. à thé) de sauce de poisson • ½ carotte coupée en fine julienne • Piment fort au goût

1. Dans un bol, mélanger tous les ingrédients.
2. Laisser mariner au frais de 2 à 24 heures.

Sauce thaïlandaise aux arachides rôties

Préparation : **10 minutes**
Quantité : **250 ml (1 tasse)**

5 ml (1 c. à thé) d'ail haché • 10 ml (2 c. à thé) de gingembre haché • 15 ml (1 c. à soupe) de sucre ou de miel • 30 ml (2 c. à soupe) de jus de lime • 30 ml (2 c. à soupe) d'échalotes sèches (françaises) hachées • 60 ml (¼ de tasse) d'arachides hachées • 80 ml (⅓ de tasse) de sauce douce aux piments (de type A Taste of Thaï)

1. Dans un bol, mélanger ensemble tous les ingrédients.
2. Réserver au frais jusqu'au moment de servir.

Sauce aigre-douce

Préparation : **10 minutes**
Quantité : **80 ml (⅓ de tasse)**

15 ml (1 c. à soupe) de sauce aux prunes • 15 ml (1 c. à soupe) de sauce aux huîtres • 15 ml (1 c. à soupe) de sauce hoisin • 30 ml (2 c. à soupe) de mirin • 10 ml (2 c. à thé) de vinaigre de riz • 15 ml (1 c. à soupe) d'oignons verts émincés • 15 ml (1 c. à soupe) de graines de sésame

1. Mélanger tous les ingrédients et servir aussitôt. Cette sauce est idéale pour accompagner des rouleaux croustillants.

Sauce épicée

Préparation : **10 minutes**
Marinage : **1 heure**
Quantité : **80 ml (⅓ de tasse)**

45 ml (3 c. à soupe) d'eau • 15 ml (1 c. à soupe) de vinaigre de riz • 15 ml (1 c. à soupe) de mirin • 5 ml (1 c. à thé) de sauce de poisson • ½ carotte coupée en julienne • Piment au goût

1. Mélanger tous les ingrédients. **2.** Laisser mariner 1 heure au frais.

Teriyaki au saké

Préparation : **10 minutes**
Cuisson : **5 minutes**
Quantité : **250 ml (1 tasse)**

125 ml (½ tasse) de sauce soya • 60 ml (¼ de tasse) de mirin • 60 ml (¼ de tasse) de saké • 60 ml (¼ de tasse) de bouillon de poulet ou de légumes • 45 ml (3 c. à soupe) de sucre • 1 oignon vert émincé

1. Dans une casserole, mélanger tous les ingrédients. Porter à ébullition à feu moyen. **2.** Laisser mijoter 5 minutes à découvert.

Sauce aux arachides

Préparation : **10 minutes**
Cuisson : **4 minutes**
Quantité : **500 ml (2 tasses)**

15 ml (1 c. à soupe) d'huile de canola • 45 ml (3 c. à soupe) d'échalotes françaises (sèches) hachées • 15 ml (1 c. à soupe) de miel • 125 ml (½ tasse) de ketchup • 30 ml (2 c. à soupe) de sauce hoisin • 30 ml (2 c. à soupe) de sauce aux huîtres • 80 ml (⅓ de tasse) de beurre d'arachide • 125 ml (½ tasse) de bouillon de poulet • 30 ml (2 c. à soupe) de sauce chili piments et ail (de type A Taste of Thaï)

1. Dans une casserole, chauffer l'huile à feu moyen. Saisir l'échalote 1 minute. **2.** Ajouter le reste des ingrédients. Laisser mijoter 4 minutes.

Desserts exotiques

Le voyage aromatique

se poursuit jusqu'au dessert

lorsque l'on emprunte

le chemin de la cuisine asiatique.

Les parfums subtils de la poire,

du thé vert, des litchis

et du lait de coco viennent

clore en douceur le chapitre

d'un merveilleux voyage gustatif.

Préparation : **20 minutes** • Temps de repos : **15 minutes**
Cuisson : **12 minutes par plaque de cuisson** • Quantité : **20 biscuits**

Biscuits-surprises

160 ml (⅔ de tasse)
de farine tamisée
.....
15 ml (1 c. à soupe)
de fécule de maïs
.....
2 blancs d'œufs
.....

60 ml (¼ de tasse)
de beurre fondu
.....
60 ml (¼ de tasse) d'eau
.....
2 à 3 gouttes
d'essence de vanille
.....

1. Découper 20 bandelettes de papier. Inscrire un message sur chacune d'elles. **2.** Préchauffer le four à 150 °C (300 °F). **3.** Dans un bol, mélanger la farine avec la fécule. **4.** Dans un autre bol, fouetter les blancs d'œufs à haute vitesse au batteur électrique pendant 30 secondes. **5.** Diminuer la vitesse du batteur électrique. Verser le beurre fondu, l'eau et la vanille. **6.** Ajouter graduellement la farine tamisée. Mélanger avec une cuillère de bois jusqu'à l'obtention d'une pâte lisse. Laisser reposer 15 minutes à température ambiante. **7.** Procéder à la confection des biscuits en suivant les étapes présentées ci-dessous. Les biscuits se conservent sept jours dans un contenant hermétique.

C'est facile !
Confectionner des biscuits chinois

Ces biscuits sont du vrai chinois pour vous ? Il n'en est pourtant rien. Vous avez seulement besoin de rapidité pour façonner les biscuits au sortir du four, sans quoi la pâte pourrait se briser. Avant de débuter, préparez vos messages et rassemblez tout le matériel nécessaire.

Sur une plaque de cuisson tapissée d'une feuille de papier parchemin ou d'une feuille de cuisson en silicone, verser 15 ml (1 c. à soupe) de pâte par biscuit. Étaler en un cercle de 10 cm (4 po) environ. Disposer trois cercles de pâte au maximum, en les espaçant l'un de l'autre.

Cuire au four de 12 à 15 minutes, jusqu'à ce que les contours commencent à dorer. Au sortir du four, procéder rapidement au façonnage des biscuits. Déposer un message au centre de chacun des cercles. Plier le biscuit en deux.

Placer le biscuit sur le rebord d'un bol et replier les deux pointes vers le bas. Procéder de la même façon pour les deux autres biscuits. Laisser refroidir la plaque entre chaque cuisson avant d'y verser la pâte ou utiliser une deuxième plaque de cuisson froide.

illumine ta journée...

Préparation : **30 minutes** • Congélation : **2 heures** • Quantité : **de 4 à 6 portions**

Crème glacée au thé vert

1 ¼ litre (5 tasses)
de crème glacée à la vanille
.....
15 ml (1 c. à soupe)
de thé vert en poudre
.....
15 ml (1 c. à soupe)
d'eau froide
.....

1. Faire ramollir la crème glacée en la plaçant au réfrigérateur de 20 à 30 minutes. **2.** Mélanger le thé vert avec l'eau froide afin d'obtenir un mélange homogène. **3.** Incorporer la crème glacée au thé. **4.** Placer la préparation au congélateur pendant 2 heures avant de servir.

Le saviez-vous ?

Qu'est-ce que le thé vert au matcha ?

Il s'agit d'une sorte de thé vert riche en caféine. Cette poudre de thé vert est associée à la cérémonie traditionnelle du thé japonais.

Préparation : **30 minutes** • Cuisson : **10 minutes** • Quantité : **4 portions (8 raviolis)**

Raviolis croustillants aux poires japonaises et chocolat

1 poire japonaise

15 ml (1 c. à soupe) de beurre

10 ml (2 c. à thé)
de zestes de citron

30 ml (2 c. à soupe) de miel

10 ml (2 c. à thé) de jus de citron

16 feuilles de pâte à wontons

1 jaune d'œuf battu
avec un peu d'eau

1 litre (4 tasses) d'huile de canola

80 ml (⅓ de tasse)
de crème à cuisson 15 %

60 g de chocolat noir 70 %

1. Peler et couper la poire en petits dés. 2. Dans une casserole, chauffer le beurre avec les zestes à feu doux. 3. Ajouter la poire, le miel et le jus de citron. Cuire 10 minutes, jusqu'à ce qu'il n'y ait plus de liquide. Retirer du feu et laisser tiédir. 4. Déposer quatre feuilles de pâte à wontons sur le plan de travail. Au centre de chacune des feuilles, déposer 30 ml (2 c. à soupe) de garniture en prenant soin de laisser un pourtour de 0,5 cm (¼ de po). Badigeonner le pourtour de jaune d'œuf. Couvrir d'une feuille de pâte et sceller. Répéter avec les feuilles restantes. 5. Dans une casserole, chauffer l'huile jusqu'à ce qu'elle atteigne 180 °C (350 °F) sur un thermomètre à bonbon. Cuire la moitié des raviolis de 2 à 3 minutes jusqu'à ce qu'ils soient dorés et croustillants. Égoutter sur du papier absorbant. Répéter avec les raviolis restants. 6. Dans une casserole, chauffer la crème à feu moyen jusqu'aux premiers frémissements. Ajouter le chocolat et remuer jusqu'à ce qu'il soit fondu. Servir avec les raviolis.

Le saviez-vous ?

Qu'est-ce que la poire japonaise ?

Croquante et juteuse, la poire japonaise (ou poire asiatique) allie le goût délicat et parfumé de la poire à la texture de la pomme. Elle prend d'ailleurs l'allure de cette dernière, à la différence que sa peau est plus rugueuse et que sa couleur passe, selon les variétés, du jaune très pâle au brun clair. Ce fruit exotique est aussi délicieux cru que cuit et on le trouve à l'année dans la plupart des supermarchés.

Préparation : **30 minutes** • Temps de repos : **30 minutes**
Quantité : **32 makis (16 à la mangue, 16 aux fraises)**

Duo de makis dessert

15 ml (1 c. à soupe) d'huile
de canola
.....
POUR LA PÂTE À CRÊPES :
.....
160 ml (⅔ de tasse) de lait
.....
125 ml (½ tasse) de farine
.....
60 ml (¼ de tasse) de sucre
.....

30 ml (2 c. à soupe) de cacao
.....
2 œufs
.....
POUR LE RIZ :
.....
310 ml (1 ¼ tasse) d'eau
.....
80 ml (⅓ de tasse) de sucre
.....
4 à 5 gouttes d'essence de vanille
.....

250 ml (1 tasse)
de riz à sushis (calrose)
.....
POUR LA GARNITURE :
.....
½ mangue
.....
8 fraises
.....

1. Dans le contenant du mélangeur, mélanger les ingrédients de la pâte à crêpe de 1 à 2 minute(s). Laisser reposer de 30 à 60 minutes au frais. 2. Dans une casserole, porter à ébullition l'eau avec le sucre et la vanille. 3. À l'aide d'une passoire fine, rincer le riz sous l'eau froide. Incorporer à la préparation en remuant. Couvrir et laisser mijoter à feu doux de 15 à 20 minutes, jusqu'à ce que le riz soit cuit, en remuant de temps en temps. Transférer dans un autre récipient et laisser tiédir à température ambiante. 4. Dans une poêle à crêpes de 20 cm (8 po), chauffer l'huile à feu moyen. Verser environ 80 ml (⅓ de tasse) de pâte par crêpe en inclinant la poêle dans tous les sens pour bien en couvrir le fond. Cuire 1 minute de chaque côté. Répéter pour obtenir 8 crêpes. Empiler les crêpes cuites et les laisser tiédir à température ambiante. 5. Couper les fruits en dés. 6. Couvrir quatre crêpes avec la moitié du riz. À la base des crêpes, déposer la mangue et rouler afin de former un cylindre. Rouler chaque cylindre dans une pellicule plastique et réserver au réfrigérateur. 7. Procéder de la même façon avec les fraises et les crêpes restantes. 8. Au moment de servir, couper chaque rouleau en quatre makis.

Préparation : **15 minutes** • Temps de repos : **2 heures** • Quantité : **de 4 à 6 portions**

Tapioca au lait de coco

250 ml (1 tasse) de tapioca vert
ou blanc (petites perles, vendues
dans les épiceries asiatiques)

500 ml (2 tasses) d'eau

1 boîte de lait de coco de 400 ml

250 ml (1 tasse) de sucre

3 à 4 gouttes d'essence de vanille

15 ml (1 c. à soupe)
de zestes de lime

1. Dans un bol, mélanger le tapioca avec l'eau. Laisser reposer 2 heures au frais. **2.** Égoutter au-dessus d'une casserole de manière à conserver l'eau de trempage. Réserver le tapioca. **3.** Dans la casserole, fouetter l'eau avec le lait de coco, le sucre, la vanille et les zestes. Porter à ébullition. **4.** Incorporer le tapioca et cuire à feu doux de 5 à 6 minutes. Remuer. Poursuivre la cuisson de 5 à 6 minutes, jusqu'à ce que le tapioca devienne transparent. Servir chaud ou froid.

PRÉPARATION
À LA MIJOTEUSE :
1. Faire tremper le tapioca tel qu'expliqué à l'étape 1 de la recette ci-contre. **2.** Au moment de la cuisson, fouetter directement dans la mijoteuse le lait de coco avec le sucre, la vanille et les zestes. **3.** Ajouter le tapioca avec l'eau de trempage. Couvrir et cuire de 8 à 10 heures à faible intensité ou de 4 à 5 heures à intensité élevée, en prenant soin de remuer à mi-cuisson.

Préparation : **15 minutes** • Réfrigération : **1 heure** • Quantité : **4 portions**

Salade de fruits
à la liqueur de litchi

POUR LA SALADE DE FRUITS :

30 ml (2 c. à soupe) de miel

30 ml (2 c. à soupe)
de liqueur de litchi (de type Soho)

2 à 3 gouttes d'essence de vanille

1 mangue

½ ananas

2 kiwis

30 ml (2 c. à soupe)
de menthe fraîche émincée

POUR LA CRÈME
À LA NOIX DE COCO :

125 ml (½ tasse)
de crème à fouetter 35 %

30 ml (2 c. à soupe)
de sucre

15 ml (1 c. à soupe)
de liqueur de litchi (de type Soho)

30 ml (2 c. à soupe)
de noix de coco râpée

1. Dans un saladier, mélanger le miel avec la liqueur de litchi et la vanille. **2.** Couper les fruits en petits morceaux et les déposer dans le saladier au fur et à mesure qu'ils sont coupés. **3.** Ajouter la menthe dans le saladier. Réfrigérer 1 heure. **4.** Répartir la salade de fruits dans quatre coupes à dessert. **5.** À l'aide du batteur électrique, fouetter la crème à vitesse élevée jusqu'à l'obtention de pics fermes. **6.** En fouettant, incorporer le sucre, la liqueur de litchi et la noix de coco. **7.** Garnir chacune des portions de crème fouettée.

Préparation : **15 minutes** • Cuisson : **15 minutes** • Quantité : **4 portions**

Beignets aux pommes et gingembre

POUR LE SIROP AU MIEL :

1 orange

45 ml (3 c. à soupe) de miel

250 ml (1 tasse) d'eau

POUR LES BEIGNETS :

3 pommes Délicieuse jaune

15 ml (1 c. à soupe) de jus de citron

125 ml (½ tasse) d'eau froide

1 œuf

30 ml (2 c. à soupe) de gingembre confit haché

125 ml (½ tasse) de farine

2,5 ml (½ c. à thé) de poudre à pâte

1 litre (4 tasses) d'huile de canola

1. Rincer l'orange sous l'eau froide et éponger. À l'aide d'un épluche-légumes, prélever le zeste de l'orange en prenant soin de ne pas trancher la partie blanche. **2.** Au-dessus d'une casserole, presser le jus de l'orange. Ajouter les zestes, le miel et l'eau. Porter à ébullition et laisser mijoter à découvert et à feu doux de 5 à 6 minutes, jusqu'à l'obtention d'un sirop. **3.** Peler les pommes et les trancher en rondelles de 1,5 cm (¾ de po) d'épaisseur. Arroser de jus de citron. **4.** Dans un grand bol, mélanger énergiquement l'eau et l'œuf. Incorporer progressivement le gingembre, la farine et la poudre à pâte afin d'obtenir une pâte lisse. **5.** Dans une grande casserole, chauffer l'huile jusqu'à ce qu'elle atteigne une température de 190 °C (375 °F) au thermomètre à bonbon. Enrober de pâte 2 ou 3 rondelles de pomme et plonger délicatement dans l'huile. Frire les rondelles de 2 à 3 minutes, en les retournant à mi-cuisson, jusqu'à ce qu'elles soient dorées et croustillantes. Égoutter sur du papier absorbant. Répéter l'opération pour le reste des rondelles de pomme. Servir avec le sirop au miel.

Préparation : **15 minutes** • Cuisson : **15 minutes**
Temps de repos : **15 minutes** • Quantité : **4 portions**

Sushis aux fraises et litchis

10 fraises

10 litchis

250 ml (1 tasse)
de riz à sushis (calrose)

310 ml (1 ¼ tasse) d'eau

60 ml (¼ de tasse) de sucre

Quelques gouttes
d'essence de vanille

15 ml (1 c. à soupe) de noisettes
concassées grillées

125 ml (½ tasse) de crème
anglaise du commerce

1. Couper les fraises et les litchis en dés. 2. Rincer le riz dans une passoire fine et laisse égoutter. 3. Déposer le riz dans une casserole. Verser l'eau et porter à ébullition. 4. Ajouter le sucre et la vanille. Couvrir et cuire 15 minutes à feu doux. Retirer du feu et laisser reposer 15 minutes. 5. Couvrir un tapis à sushis d'une pellicule de plastique. Étendre le riz cuit sur la moitié du tapis. Déposer les fruits et rouler en serrant bien. Enrober le rouleau de noisettes. Couper en morceaux. Servir avec la crème anglaise.

Préparation : **10 minutes** • Cuisson : **5 minutes**
Réfrigération : **2 heures** • Quantité : **4 portions**

Panna cotta au thé vert et gingembre

2 sachets de gélatine
sans saveur de 7 g chacun
.....
60 ml (¼ de tasse) d'eau
.....
2 boîtes de lait de coco
de 400 ml chacune
.....
45 ml (3 c. à soupe) de miel
.....
30 ml (2 c. à soupe)
de gingembre confit haché
.....

1 sachet de thé vert
.....
250 ml (1 tasse) de cubes
de mangue (frais ou surgelés)
.....
60 ml (¼ de tasse)
de sirop d'érable
.....
Quelques lanières
de gingembre confit
pour décorer
.....

1. Dans un bol, faire gonfler la gélatine dans l'eau. **2.** Dans une casserole, porter à ébullition le lait de coco avec le miel et le gingembre. Ajouter la gélatine et remuer. Retirer du feu et laisser infuser le sachet de thé 5 minutes. **3.** Retirer le sachet et verser le mélange dans quatre coupes.

Réfrigérer de 2 à 3 heures.
4. Pour le coulis, réduire les cubes de mangue en purée à l'aide d'un mélangeur. Incorporer le sirop d'érable. Réserver au frais.
5. Au moment de servir, répartir le coulis sur les panna cottas et décorer avec les lanières de gingembre confit.

Index des recettes